Karin Wajand

INKASSOSCHLAMPE

Karin Wajand

INKASSOSCHLAMPE

Mein Jahrzehnt als Schuldeneintreiberin

Bibliografische Information der Deutschen Nationalbibliothek
Die Deutsche Nationalbibliothek verzeichnet diese Publikation in der
Deutschen Nationalbibliografie; detaillierte bibliografische Daten
sind im Internet über http://dnb.d-nb.de abrufbar.

Karin Wajand
Inkassoschlampe
Mein Jahrzehnt als Schuldeneintreiberin

Berlin: Pro BUSINESS 2014

ISBN 978-3-86386-774-4

1. Auflage 2014

© 2014 by Pro BUSINESS GmbH
Schwedenstraße 14, 13357 Berlin
Alle Rechte vorbehalten.
Produktion und Herstellung: Pro BUSINESS GmbH
Gedruckt auf alterungsbeständigem Papier
Printed in Germany
www.book-on-demand.de

PROLOG

Rom

Wir laufen bei 35 Grad zum gefühlten 117. Mal die Straße zur Piazza del Popolo hinauf. Wir reden nicht, Carsten läuft konsequent und lethargisch zehn Schritte hinter mir. Allein aus diesem Grund bin ich zunehmend gereizt. Ich bin ein schlechter Schlenderer, ich finde schleichende Gänsemärsche nervtötend. Wozu soll es gut sein, betont langsam zu laufen, nur weil man Zeit hat? Die meisten Menschen lieben es zu schlendern. Ich gehöre zu dem geringen Prozentsatz der Menschen, die davon schlechte Laune bekommen. Ich drehe mich um, Carsten schaut apathisch geradeaus, wie eine Fata Morgana flimmert am Horizont der berühmte Löwenbrunnen. Unter den Riemen unserer Rucksäcke vergrößern sich gnadenlos Flecken, ab und zu zupft Carsten angewidert daran herum. Ich muss grinsen. „Na? Heiß, wa? Auf der anderen Straßenseite ist aber auch kein Schatten!" Das Schaufenster verrät mir im Vorbeigehen, dass mein Kopf aussieht wie eine überreife Runkelrübe. Rom ist ja bekanntlich eine dieser Städte der Liebe – oder waren das doch nur Venedig und Verona? Nein, ich glaube Rom auch. Im Juli ist Rom definitiv nichts für den Urlaub der leidenschaftlich Liebenden. Stark verliebte Menschen laufen Händchen haltend nebeneinander, geben sich kichernd Küsschen auf die Wangen. Das zieht sich durch alle Altersklassen. Verliebte Menschen schwitzen und stinken auch nicht, zumindest nicht zusammen in der Öffentlichkeit. Ich denke an dieses Deo aus der Werbung, das keine Ränder auf der Wäsche hinterlässt. Keine Deoränder, ha! Ich muss das unbedingt haben, sobald wir wieder zu Hause sind. Ich bin ein klassisches Opfer solcher Werbung, ich muss alles sofort probieren, was neu auf dem Markt ist. Ganz egal, ob Kloreiniger, Wimperntusche oder Kekse. Ich kann mich einige Zeit zusammenreißen, weil das an sich ja Schwachsinn ist, aber dann kauf ich's doch.

Eigentlich bin ich davon überzeugt, dass es Ränder hinterlassen wird, dieses Deo, zumindest auf meinen schwarzen Sachen. Vielleicht sind das aber auch Ränder vom Schweiß, der trotz der Werbeversprechungen auftritt. Lassen wir es gut sein. Ich trage fast ausschließlich schwarze Klamotten. Das war immer schon so, nicht nur von Berufs wegen. Schwarz streckt und passt zu allem. Mit achtzehn hieß schwarze Sachen zu tragen für mich, cool zu sein. Was mir damals überdurchschnittlich viel bedeutete. Wenn ich ehrlich bin, ist das heute auch noch so. Sämtlichen Ermutigungen von Schwester, Freundin und Konsorten zum Trotz bin ich stets bei Schwarz geblieben, und ich werde Schwarz tragen, bis man etwas Dunkleres erfindet. Bei fast 40 Grad im Schatten ist es natürlich schwierig, Coolness zu bewahren. Ich trage wegen der Hitze auch hier und da mal ein weißes Oberteil, ärmellos. Ein klares Zeichen meiner Verzweiflung, wenn man bedenkt, dass ich auf fünfhundert Meter Entfernung eindeutig verständliche Winkzeichen mit dem Oberarm geben könnte. Ich hab sogar eine türkisfarbene Batikhose dabei. Das geht ja wohl eigentlich gar nicht. Damit sehe ich ein bisschen aus wie ein alternder MC Hammer auf Selbstfindungstrip. Can't touch this. Ist aber luftig, mein Pumphöschen, und ich versuche mir zu sagen, dass mich hier sowieso niemand kennt und beachtet. Die Rosenverkäufer winken mir von Weitem entgegen, regelrecht aufdringlich sind die hier. Dann kann's mit der Pumphose ja nicht so schlimm sein. Zuerst tun sie so, als wäre man Ornella Muti persönlich, und drücken einem eine saftige Baccararose als vermeintliches Geschenk in die Hand, sodass man denkt: Als Nächstes küssen die dir die Füße wegen deiner überwältigenden Schönheit. Zweimal bin ich darauf reingefallen, bin sogar errötet vor Freude über die Schmeicheleien. Bis ich gemerkt habe, dass die mir danach so lange hinterher laufen, bis ihre Gier nach Kohle befriedigt ist. Schön verarscht wird man da. Aber mit mir nicht mehr, nix da!

Wir haben lange auf diesen Urlaub gespart und uns noch länger darauf gefreut. Ich würde mir eher einen Zeh abbeißen, als mir einzugestehen, dass zwei Wochen Urlaub in Rom sehr langweilig werden können. Wir lassen es uns extrem gut gehen, jeden Abend Pizza Quattro Formaggi und Spaghetti aglio e olio und mindestens eine Flasche Montepulciano, aber jeder.

Ich kicke mit meinem Flip-Flop eine leere Tetrapackung in den Rinnstein. Außerhalb der Touristenattraktionen liegt hier überall Müll herum, das hat uns wirklich überrascht. Autos und Vespas rasen brutal hupend durch die Straßen, die kennen nichts. Es stinkt zum Himmel nach Zweitaktgemisch. Ich denke an meinen Vater, der früher erfolgreich Vesparennen fuhr. Das hier wäre sein Schlaraffenland, sein Mekka. Müsste ich ihm unbedingt erzählen.

Nun ist Rom im Juli ja eigentlich schon eine Sache für sich. Vier Tage reichen vollkommen aus, um sämtliche Attraktionen der Ewigen Stadt zu durchkämmen. Wir haben uns alles gegeben, was man als Tourist mitnehmen muss, haben staunend im Kolosseum gestanden, jauchzend fünfzig Cent in den Trevi-Brunnen geworfen (von hinten über die Schulter) und Weihwasser für meine Mama beim großen Papa abgefüllt. Aber wenn man es nicht besser weiß, bucht man eben zwei ganze Wochen Rom, läuft alles doppelt ab und wünscht sich Erholung. Ich drehe mich zu Carsten um. „Wollen wir hier was trinken?", frage ich und deute auf ein paar Tische am Straßenrand, die zu einer kleinen Bar gehören. Nirgendwo schmeckt ein Sprizz besser als am Straßenrand in Rom bei 35 Grad im Schatten, ehrlich. In Italien gibt es Chips oder Nüsschen kostenfrei dazu, manchmal auch kleine Kekse in Ringform. So etwas gibt es hier immer, darauf kann man sich verlassen und ich würde lügen, wenn ich nicht sagen würde, dass das großes Glück für mich bedeutet. Grundsätzlich glaube ich, solche Naschereien sind dafür da, dass man sich während des gesamten Getränkeverzehrs daran erlaben kann. Für mich ist das völlig unmöglich. Es ist nicht so, als würde ich das nicht versuchen, aber ich schaffe es nicht, das Zeug ist in Nullkommanix weg. Ich bin plötzlich sehr dankbar für die Gelassenheit in unserer langjährigen Beziehung. Manchmal ist es einfach schön, sich gehen lassen zu können.

„Prost, Dickerchen!" „Prost, Kackerchen!" Und plötzlich klingelt mein Handy.

KAPITEL 1

Etwa zehn Jahre zuvor

Es ist an einem Freitagnachmittag, als wir, das bin ich mit zwanzig weiteren Kollegen, unsere Dienstwagen in Empfang nehmen. Zwanzig schwarze Smarts brausen von der Landesmitte in alle Richtungen Deutschlands. Wir sind bereits der zweite Trupp, den mein neuer Arbeitgeber, ein junges, bundesweit aktives Inkassounternehmen, in die Republik schickt, und es werden noch einige folgen.

Wir sind bereit, ich bin bereit. Mein neues Leben als Mitarbeiterin im Inkassoaußendienst in Berlin beginnt. Nicht irgendein Leben, das Leben einer Schuldeneintreiberin, schonungslos, gierig, eiskalt. Sozialpädagogik war gestern. Ich bin hier kein Teamplayer, es gibt keine gemeinsamen Frühstückspausen mit zugehöriger Kaffeekasse, kein Getratsche auf dem Flur, keinen Sektumtrunk mit Salzstangen an Geburtstagen.

Ich muss das hier ganz allein durchziehen. Zuvor habe ich wochenlang eine theoretische Einweisung erhalten, Gesetzestexte gewälzt, peinliche Rollenspiele gespielt und mir Sicherheit in puncto Zwangsvollstreckung verschafft. Die Firma stellt in Aussicht, dass wir über die künftigen Jahre psychologisch betreut werden. Ich halte das anfangs für Schwachsinn, meine Seele zeigt sich unerschütterlich und gefestigt. In meinem Leben habe ich bereits so manchen Scheuersack durchquert, Niederlagen haben mich stark gemacht.

Ich habe keinen Schimmer, was mich erwartet. Die Vorbereitung zur Inkassobeauftragten im Außendienst zeigt seine Wirkung. Ich fühle mich gestählt, ich scharre mit den Hufen. Ein Smart ist nun nicht gerade ein Auto, das enormen Eindruck bei den potenziell Kriminellen erzeugen wird, aber ich bin auch kein muskelbepacktes, glatzköpfiges Wesen, das durch reine Präsenz ein Gewaltversprechen signalisiert. Zumindest ist er schwarz, der Wagen, ich hätte mir einen Schriftzug oder ein Zeichen auf den Türen gewünscht, keine Ahnung, vielleicht einen Sensenmann. Aber so geht's auch. Wie eine dicke, geisteskranke Hummel sause ich in diesem Elefantenrollschuh Richtung Osten.

Eigentlich bin ich sehr froh über den Smart, ich habe seit zehn Jahren kein Auto mehr gefahren und jetzt fahre ich bald täglich in Berlin! Buchstabiere: B e r - l i n ! Ich dachte bislang, mein Führerschein gelte nicht einmal für Berlin! Ich war nie zuvor in Berlin, nicht mal zum Gucken. Ich bin behütet in einer emsländischen Kleinstadt aufgewachsen, dort ist die Welt noch in Ordnung! Es gibt dort ein Atomkraftwerk, und zwar schon immer. Während ich als Kind im Garten spielte, hatte ich freien Blick auf den Kühlturm. Es gibt in meiner Heimat außerdem eine riesige Erdölraffinerie, in der die Leute arbeiten, die nicht beim Kraftwerk beschäftigt sind. Dafür haben wir aber auch Verkehrsinseln mit Blümchen, im Sommer wie im Winter. Hier fühlt man sich geborgen, hier reicht eine Dreigangschaltung am Fahrrad. Es gibt hier kein Getto, es brennen keine Mülltonnen und Männer und Frauen nennt man Männer und Frauen, nicht Macker oder Bräute. Die gefährlichsten Areale weit und breit sind die Legebatterien und Hähnchenmastanlagen der Hühnerbarone, gruselige Konzentrationslager für Hahn und Henne. Die stehen seltsam abstrakt auf den freien Feldern zwischen den Windparks. Aber so lange man kein Federkleid trägt, ist man im Emsland wirklich sehr gut aufgehoben.

Ab sofort in Berlin zu leben, und dann noch als Schuldeneintreiberin, das ist für mich die größte Herausforderung überhaupt. Ich habe eine Wohnung in der Nähe des Kudamms gefunden, Altbau mit Stuck an den Decken und einem alten Kachelofen, geiler kann man kaum wohnen. Unten im Haus hat ein Antiquitätenhändler sein Geschäft, er wird künftig immer meine Päckchen und Pakete annehmen, sofern ich nicht zu Hause bin. Mein Freund nennt ihn später meinen Beischläfer, weil ich mich so oft mit ihm verquatsche. Eines Tages schenkt er mir eine Flasche Wein aus meinem Geburtsjahr 1970, sie steht bis heute bei mir im Regal. Im Haus nebenan gibt es ein kleines Restaurant, das sich auf frittierte Hähnchenhälften spezialisiert hat und laut Werbetafel die besten Broiler der Stadt macht. Wilhelm Buschs „Max und Moritz" zieren die Wände, Gemütlichkeit wird hier mit großem G geschrieben. Dort verbringe ich in den folgenden Jahren so manche gemütliche, feuchtfröhliche Stunde mit Freunden und Besuchern aus der Provinz. In diesen Räumen habe ich die ersten Sympathiepunkte für mein neues Leben gesammelt.

Am Abend vor meinem ersten Arbeitstag habe ich die Hosen dann doch randvoll. Das mir zugeteilte Gebiet wurde von mir auf dem Stadtplan bereits sorgfältig studiert: Kreuzberg, Neukölln, Schöneberg, Wedding. Wenns ein Problem mit einem Schuldner gibt, kann ich einen Kollegen anrufen, der kommt dann sofort. Also alles easy so weit. Ich zerteile eine Tiefkühlpizza auf meinem Teller und versuche, mich auf meine Daily Soap zu konzentrieren. Die mir so vertrauten Gesichter huschen über den Fernsehbildschirm, die Menschen in den Serien, die gewöhnlich für mich nicht ganz unbedeutend sind, haben schwerwiegende, kaum lösbare Probleme, die mich üblicherweise sehr bewegen. Was ich im Übrigen niemals ernsthaft zugeben würde. Dennoch kann ich heute nicht mitfühlen. Meine Gedanken rauschen in die Ferne, in den kommenden Tag. Ich werde nicht gut schlafen in der bevorstehenden Nacht, diese Nummer scheint mir plötzlich riesengroß. Aber nicht unerreichbar.

Ja, was soll's, ich bin doch bereit für dieses Experiment, ermutige ich mich selbst, während ich den Korken ploppend aus einer Flasche Riesling ziehe und mir reichlich einschenke. Zieht euch warm an, ihr Leute, die ihr eure Rechnungen nicht bezahlt habt, dort in diesen sogenannten sozialen Brennpunkten!

KAPITEL 2

An meinem ersten Arbeitstag bin ich aufgeregt wie ein Kaninchenbock auf dem Weg zur Kastration. In den ersten Monaten im neuen Job habe ich zunächst etwas seltsame Arbeitszeiten, ich soll nicht vor neun Uhr mit meiner Tour beginnen, an einem Tag der Woche sogar nicht vor zwölf Uhr mittags. Es wird angenommen, dass die Antreffquote bei den Schuldnern bei den Überraschungsbesuchen später am Tag besser ist als am frühen Morgen. Das ist erstmal nichts für mich und meinen Biorhythmus, die ersten Morgenstunden ab sechs Uhr sind meine besten. Ich gehöre zu den Menschen, die sich freuen, wenn die Nacht vorbei ist, und direkt im Morgengrauen voller Tatendrang stecken. Zum Glück ändert sich die Arbeitszeit nach einigen Monaten, in denen man feststellt, dass Tageszeiten in diesem Berufszweig nicht die geringste Rolle spielen. Unsere Zielgruppe hat eine Arbeitslosenquote von circa neunzig Prozent, zumindest in Berlin. Die Leute, denen wir einen Besuch abzustatten beabsichtigen, schlafen zum Großteil auch noch um zwölf.

Ich weiß an diesem Morgen nicht richtig, was ich anziehen soll. Sportlich elegant wäre eigentlich mein Stil, aber ein bisschen seriös soll's ja schon auch sein, oder soll ich mich besser nicht abheben? Und hebe ich mich überhaupt als sportlich Elegante ab? Und von wem eigentlich genau? In der Ausbildung sagte man uns, der Dresscode sei sportlich, aber nicht zu leger. Was heißt denn das? Turnschuhe mit Tennissocken gehen, Sandalen ohne Socken nicht? Würde ich persönlich so definieren. Da meine Garderobe sowieso ausschließlich düster ist, entscheide ich mich für schwarze Jeans, schwarze Chucks und einen schwarzen Blazer. Ich hänge mir meinen Dienstausweis um den Hals, der an einem Schlüsselband mit dem Aufdruck unseres Inkassounternehmens hängt, drehe mich kurz vor dem Spiegel und bin irgendwie ein bisschen stolz.

Eine knappe Stunde später stehe ich vor der ersten „feindlichen" Wohnungstür. Kreuzberg, Mehringdamm, erstes Quergebäude, zweites Obergeschoss. Natürlich bin ich unangemeldet, es macht keinen Sinn sich anzumelden, sofern man jemanden antreffen will. Dieses Gefühl, diesen ersten Klingelknopf zu drücken, habe ich nicht vergessen. Ich soll ausschließlich Gelder eintreiben, die bereits vollstreckbar sind, was bedeutet, dass die meisten dieser Schuldner längst diverse Zwangsvollstreckungsversuche hinter sich haben und somit bereits mit allen Wassern gewaschen sind. Die Forderungen sind aus juristischer Sicht grundsätzlich unstrittig. Zumindest dürfte es in Bezug auf die Rechtmäßigkeit also eigentlich keine Diskussionen mehr geben. Dachte ich.

Nach meinem dritten Klingeln blinzelt ein etwa siebenjähriges türkisches Mädchen durch einen Türspalt. Irritiert senke ich den Blick auf das niedliche Mädchen mit den langen schwarzen Zöpfen. Das passt jetzt gar nicht zu meinem eingeübten Eröffnungssatz. Ich fühle mich leicht überfordert. „Hallo, ich bin die Frau Böker, ist die Mama oder der Papa da?" Die Kleine wippt mit den Füßen auf und ab und schaut neugierig zu mir hoch. „Die sind doch in der Bäckerei", piepst es in einwandfreiem Deutsch zurück. „Ach, beide?", frage ich stirnrunzelnd, aber irgendwie erleichtert. Ich war bereits auf Krawall eingerichtet und jetzt sollte mein erster Fall so lapidar enden? Ist das nun gut oder gar nicht so toll, frage ich mich unsicher und ziehe in Erwägung, eine Nachricht zu hinterlassen. „Ja, unsere Bäckerei! Sie sind da doch immer schon ab vier oder fünf Uhr!", zwitschert das Kind, während es die Tür ein Stück weiter öffnet und auf eine Uhr an der Wand deutet. Vermutlich, um den Fleiß der früh aufstehenden Eltern zu unterstreichen. „Du kannst ja hingehen, das ist ja da drüben." Sie tippelt barfuß zu mir ins Treppenhaus, die Füßchen platschen über die klebrigen Fliesen. Sie deutet durch ein schmutziges Fenster hinunter auf die Straßenecke. Ich sehe ein winziges Eckgeschäft, völlig unscheinbar, ohne Reklame oder Beschilderung. Nur ein kleines We-are-open-Schild blinkt durch ein beschlagenes Fenster. „Gut, na dann", höre ich mich sagen und bin in Gedanken bereits drüben. „Tschüss!"

Die kurze Unterhaltung hat mich motiviert, meine Aufregung schlägt in irrsinnigen Leichtsinn um. Auf dem Weg in die Bäckerei male ich mir aus, wie sowohl Kunden als auch Inhaber der Bäckerei furchtsam die Arme nach oben reißen und sich an die Wände drücken, sobald ich die Schwelle übertrete. Wobei ich mit zusammengekniffenen Augen rechtshändig einen Geldsack schüttele, während der linke Daumen lässig in der Gürtelschlaufe hängt.

Großer Schwachsinn, weit gefehlt. Ich finde keinerlei Beachtung beim Betreten des Geschäfts. Vor und hinter der Ladentheke herrscht ein umtriebiges

Durcheinander, es wird gelacht, Hände werden geschüttelt, Schultern geklopft. Ich höre kein deutsches Wort und verstehe demzufolge natürlich nichts. Ich fühle mich deplatziert und frage die männliche Bedienung hinter der Theke schüchtern nach Herrn Ulut, dem Besitzer dieses Ladengeschäfts. Perplex glaube ich die Worte und Handzeichen zu verstehen: Herr Ulut steht bereits vor mir, er ist mein befragtes Gegenüber. Auf einen Schlag sind die zurechtgelegten Worte wie weggeblasen. Ich benutze nicht ein einziges Wort meiner hartnäckig vorbereiteten Ansprache, dennoch bringe ich das Thema sofort auf den Punkt. In meiner Aufregung verschwindet jede Sensibilität in Bezug auf den Datenschutz und ich plaudere wild drauflos, gucke dabei mutig und herausfordernd von einem zum anderen, nicht wissend, ob mich auch nur ein Mensch hier versteht. Sei's drum, ich hab gesagt, was es zu sagen gibt und fühle mich mit jedem Wort sicherer. „Was machen wir denn nun, Herr Ulut?", frage ich angriffslustig. Herr Ulut zieht sich zurück, ich kann seinen Blick nicht deuten, er sieht irgendwie nachdenklich aus. Wild gestikulierend diskutiert er dann plötzlich in Landessprache mit den herumstehenden Kunden, sie rücken zusammen, Köpfe fliegen hin und her, hier scheinen sich alle zu kennen. Nach kurzer Zeit werden überall Geldbörsen gezuckt, es wird in Plastiktüten gekramt, Hosentaschen werden auf links gedreht.

Etwa fünfzehn Hände legen lautstark Scheine und Münzen auf die Theke. Zack, zack, zack geht das. Herr Ulut lächelt mich an und weist mit der Hand einladend auf den Geldhaufen. Vor Staunen klappt mir die Kinnlade runter, einen Moment lang fehlen mir die Worte. Ein älterer Herr geleitet mich freundlich am Ellbogen zu einem kleinen Holztisch in der Ecke. Herr Ulut wischt mit der Hand das Geld in seine Schürze, kommt heran und leert sie sodann auf dem Holztisch. Ungefragt landet ein kleines Glas Tee mit viel Zucker neben dem Geldhäufchen. Ich habe mich in meinem Leben schon unwohler gefühlt, lächle in die Runde und konzentriere mich. Ich schreibe eine Quittung über 375 Euro, setze einen Erledigungsvermerk auf das Blatt, zähle in Ruhe das Kleingeld, während ich ab und zu an dem köstlichen Tee nippe, den kleinen Finger vornehm vom Glas abgespreizt. Ich fühle mich ein bisschen wie Ebenezer Scrooge, griesgrämig und kleinlich, aber schlussendlich wohlwollend. Ich sollte über ein Monokel nachdenken und es gegen meine Kontaktlinsen eintauschen. Die Quittung unterschreiben sowohl ich als auch Herr Ulut im Anschluss mit einen breiten Grinsen, dann verabschiede ich mich. Eine Frau in bunt geblümtem Kittel drückt mir noch schnell ein dickes, rundes Gebäckteil in die Hand, ganz warm und weich und mit Sesam bestreut.

Als die Tür hinter mir ins Schloss gefallen ist, muss ich mich zusammenreißen, um nicht unmittelbar ein derbes Schunkellied anzustimmen und laut loszugrölen. Ich kann mich kaum halten vor Freude. Das war ja einfach, geradezu lächerlich! Erster Fall erledigt, ich bin genial, ich bin mittendrin!

„Täglich bleiben 55 Tonnen Hundekot auf Berlins Straßen liegen. [...]"[1]

Wenn ich davon ausgehe, dass ein durchschnittliches Hundewurstwerk 120 Gramm wiegt und in Berlin etwa 165.000 Hunde wohnen, die zwei- oder dreimal am Tag kacken, sind das nach meiner Rechnung etwa 458.000 Bordsteinverzierungen am Tag.

---

[1] Zit. nach Kneist, Sigrid: Dauerärgernis Hundekot. Haufenweise gute Tipps. In: Der Tagesspiegel (online) vom 07.06.2011.
www.tagesspiegel.de/berlin/dauerargernis-hundekot-haufenweise-gute-tipps/4262044.html,
Seitenaufruf am 21.08.2014

KAPITEL 3

An einem Montagmorgen im Juni öffne ich die Autotür, setze schwungvoll einen Fuß heraus und verfehle einen Hundehaufen nur um Haaresbreite. Ich steige aus, schnappe meinen Koffer und hüpfe um weitere kleine und große Haufen herum. Die Gehwege sind übersät mit Hundehaufen, es ist wie Hinkepinke ohne Kreidefelder und Steinchen. Ich male mir aus, wie es aussehen würde, wenn man in jeden Haufen ein Fähnchen oder ein buntes Papierschirmchen steckte, so wie sie manchmal Kuchenstückchen zieren. Das wäre vielleicht ein schönes, buntes Bild, hier in Berlin, wo die doch das mit dem Hundekot sowieso nicht in den Griff bekommen. Wenn erstmal der Herbst kommt mit all dem Laub und man sieht das nicht mehr richtig, dann hab ich aber den Salat. Auf dem Weg zum nächsten Schuldner flöte ich gedankenverloren ein Lied von Peter Fox. „Überall ist Scheiße, man muss eigentlich schweben …"

Da in den meisten Stadtbezirken ein Parkplatzmangel herrscht, arten die Tage zumeist in Hochleistungssport aus. Ich trage immer einen Koffer mit meinen Inkassoutensilien bei mir. Darin befinden sich das Notebook mit den Schuldner- und Forderungsdaten, Quittungsblöcke, Benachrichtigungskarten, Geldprüfstifte, Zahlungsterminvereinbarungen, Vollmachten und allerlei privates Zeug. Und natürlich eingesammelte Gelder. Mit diesem Gepäck laufe ich Tag für Tag durch die Straßen und unzählige Treppen auf und ab.

Das Haus, in dem der gesuchte Halunke wohnen soll, finde ich zunächst nicht, in diesen Gegenden fehlen oft die Hausnummern. Ich orientiere mich stets an Klingelanlagen, die kaputt vom Mauerwerk hängen, an Haustüren mit zerbrochenen Schlössern oder an Häusern, bei denen die Tür komplett fehlt und in die man so reinmarschieren kann. Das sind meine Zielgebäude. Die Briefkästen sieht man hier oft verbeult oder aufgebrochen in den Eingängen liegen oder baumeln.

Der gefundene Bau besteht aus einem Haupthaus, vier Seitenflügeln und zwei Quergebäuden, jeweils fünf Stockwerke. Ich ziehe los. Ich laufe Haus für Haus, Treppe für Treppe, Stockwerk für Stockwerk ab, klopfe energisch an jede Tür, frage mich durch, die Anwohner mustern mich argwöhnisch. An den Türen stehen fast nie Namensschilder, doch in diesem Fall taucht der Name meines Schuldners auf einer Spanplatte auf, die als Wohnungstür dienen soll. *Ziemer* wurde mit der Schrift eines Zweitklässlers auf ein altes Heftpflaster geschrieben. Ich klopfe an die Tür. Die Platte gibt leicht nach, ich habe kurz Angst, sie könnte nach hinten kippen und den Bewohner erschlagen. Ich höre den Fußboden knarren, der Spalt zwischen Fußboden und Tür wird abwechselnd hell und dunkel. Dann ist es wieder still.

Da stellt sich jemand tot, obwohl vollkommen klar ist, dass wir unseren Atem riechen könnten, wäre nicht die Platte zwischen uns. „Hallo!?", rufe ich. Nichts. Das ist ja wohl total bescheuert, ich bin sofort verärgert. Irgendwann frage ich genervt, was das denn jetzt solle, ich wisse, dass da jemand ist. Endlich öffnet mir ein Mittvierziger in hellblauen, zerbeulten Boxershorts und Lagerschaden in der linken Frisurhälfte vom dauerhaften Couchgelümmel. Er grinst mich feierlich an und scheint sich nicht im Geringsten über den wildfremden Besuch zu wundern. Ich stelle mich vor und erkläre mein Anliegen, nenne Gläubiger und Schuldbetrag, erläutere mögliche Konsequenzen. Inzwischen reicht ein Blick in das Gesicht meines Gegenübers aus und ich entscheide über meine Verhaltensform im Gespräch. Die ersten zwei Sekunden sind entscheidend. Es gibt die gute und die böse Variante in meinem Verhaltensgerüst. Und dann noch den sofortigen Rückzug. Ich arbeite auf Provision, Cash ist meine Motivation. Der Typ sieht mich ahnungslos an und beginnt sofort wieder zu grinsen. Keine verbale Reaktion. „Und? Was meinen Sie?", frage ich. Was guckt der denn so blöd? „Haben Sie mich verstanden?" Der Schuldner bleibt stumm und schiebt seine Hand vorne in die Shorts, er bleckt seine gelben Zähne und greift sich ins Evangelium. Nicht wie zufällig, als ob es mal juckt, sondern penetrant, provokativ. Er macht ein paar Sekunden da unten rum und gibt Grunzlaute von sich, während ich in angewiderter Schockstarre sekundenlang verweile. Dann sammle ich mich und bin stinksauer. „Sagen Sie mal, geht's noch??? Nehmen Sie doch mal die Hand da raus, was soll den der Scheiß!", rufe ich angeekelt. Er erwidert „Is doch jeil! Wenn de dit scheiße findst, musste Leine ziehn. Willste weiter kieken, dann kommste rin inne jute Stube." Dann ja wohl eindeutig Leine ziehen.

Es wäre egal, was ich jetzt sage, dieses Gespräch ist in keine gute Richtung zu lenken, die Spucke spare ich mir. Zum Abschied riecht der Mann an seiner Hand. Ich verziehe mich kopfschüttelnd. Ich fühle mich gedemütigt und beleidigt. Über diesen Dingen zu stehen, lerne ich erst nach circa einem Dutzend solcher Erfahrungen, aber die sind schnell gesammelt. Geldeintreiber aus dem Inkassobereich, wie ich es einer bin, können von den Schuldnern abgewiesen werden, sie können das Gespräch verweigern und mich wegschicken, sogar Hausverbot erteilen. Fast jeder Schuldner, der das weiß und ein wenig Grips hat, tut das auch. Das sind zum Glück nicht viele. Der Ruf des Außendienstinkassos ist derartig schlecht, dass ich mit meiner Absicht, aufrichtig gute Lösungsvorschläge zu unterbreiten, gar nicht zum Zuge komme. Hohn und Spott sind an der Tagesordnung. Wenn ein Schuldner die nötige Arroganz besitzt, verliert er jedes Maß an Höflichkeit und Respekt mir gegenüber. Aber das ist nicht die Regel. Die meisten Schuldner zeigen sich ängstlich, traurig und eingeschüchtert oder völlig gleichgültig.

Ein Gerichtsvollzieher genießt eine andere Autorität. Der kündigt sich in den meisten Fällen schriftlich an, und dann hat der Schuldner die Tür zu öffnen, so lautet das Gesetz. In dieser Hinsicht haben diese Vollstreckungsbeamten mir gegenüber einen entscheidenden Vorteil. Der Schuldner wird zum Gespräch gezwungen, etwaige Zwangsmaßnahmen werden direkt durchgeführt.

Dennoch werde ich bei den meisten zuständigen Gerichtsvollziehern meiner Gebiete nicht gern gesehen, und das aus gutem Grund. Sie fühlen sich ihrer Arbeit beraubt und stellen mich als Inkassobeauftragte mitunter sogar vor den Schuldnern als unseriös dar. Das ist nicht gerade eine Hilfe für mich. Ein Gerichtsvollzieher hat den Auftrag, die Forderung komplett zu vollstrecken, für die er beauftragt wurde. Er kann allenfalls eine Ratenzahlung vereinbaren. Anders als sie habe ich die Möglichkeit, mit den Schuldnern zu feilschen und attraktive Angebote zu machen.

Ich kann außergerichtliche Vergleiche aushandeln, also Teile der Schulden erlassen, der Spielraum hinsichtlich der Zahlungsvereinbarungen ist je nach Gläubiger relativ groß. Aber dazu muss man mir halt erstmal zuhören und das ist und bleibt über die Jahre mein größtes Problem.

Ich schlendere nach meinem Peniserlebnis zurück zum Auto und halte kurz bei einer meiner mir inzwischen lieb gewordenen Stammbäckereien. Ich bin bereits nach ein paar Wochen süchtig nach türkischem Gebäck. Ich würde töten für einen guten Butterkringel. Mümmelnd setze ich mich ins Auto und mache mir Notizen zum Vorgang von vorhin. Ich habe noch eine Rückrufbitte für die Boxershorts im Hauseingang hinterlassen. Vielleicht meldet er sich ja, wenn er sich die Hände gewaschen hat. Eine Verzweiflungstat aufgrund meines eisernen Willens um einen erfolgreichen Abschluss.

Es klopft an mein linkes Autofenster. Ich wende meinen Kopf und schlucke einen unzerkauten Bissen Brot. Hustend lasse ich die Scheibe herunter und gucke in die Augen eines ungefähr 14-jährigen Jungen mit akkurat gefetteten schwarzen Haaren. Eine Sonnenbrille hängt zusammengeklappt am T-Shirt über seiner Brust. „Du Droge?" Sein Mund ist schief, eventuell ein Lächeln. „Gutes Droge!", meint er. „Neee, Mensch!", erwidere ich verärgert und lasse die Scheibe wieder hoch. Gibt es ja wohl nicht!

KAPITEL 4

Eigentlich eine ganz nette Siedlung, hier kann man doch wohnen. Als ich aus dem Smart steige, freue ich mich, ich habe selten Aufträge in netten Gegenden. Bevor ich klingle, will ich noch fix aufs Klo. Die Toilettensuche ist im Außendienst wirklich eine Plage. Bei Schuldnern benutze ich die Toilette nicht, niemals. Also sind sämtliche Fastfoodrestaurants als festes Ziel in meinem Navigationssystem gespeichert. Und darüber hinaus gibt es hier zum Glück überall Citytoiletten. Lustige kleine Hütten, fast wie Mini-Baucontainer, bloß rund. Für fünfzig Cent darf man hier Notdurft verrichten, das geht sogar ganz gut, sofern die letzte Reinigung nicht länger als dreißig Minuten her ist. Einmal habe ich fünfzig Cent in so einen Toilettenhausschlitz geworfen und das Geldstück kam immer wieder raus. Das kennt man ja von anderen Automaten, darüber ärgert man sich. Aber wenn man es kaum aushalten kann vor lauter Harndruck, dann ist das doch eine ganz andere Nummer. Nahe der Besinnungslosigkeit reibe ich die Münze neben dem Schlitz am Metall, keine Chance. Beim vierzigsten Versuch frisst das Teil den Taler, aber die Tür bleibt zu! Inzwischen heule ich fast. Einfach hinter die Bude hocken kann ich vergessen, wenn mich einer sieht, kann ich in diesem Stadtteil einpacken. Man genießt als Geldeintreiberin durchaus nach einer bestimmten Zeit in gewissen Kreisen einen respektablen Bekanntheitsgrad.

In einer Dönerbude an der Ecke flehe ich um eine Toilettenbenutzung, zum Glück ist man sofort gnädig und lässt mich auf's Klo hechten. Das ist nicht selbstverständlich, schon gar nicht, wenn es eigentlich keine Kundentoilette gibt. Ich lege ungefragt dreißig Cent auf den Tresen und verlasse dankbar den Laden. Am Abend schreibe ich aus Langeweile einen kurzen Brief an diese Klofirma mit dem defekten Häuschen. Zwei Tage später liegt im Briefkasten ein Umschlag mit sechs nebeneinander aufgeklebten Fünfzigcentstücken. Das nenne ich mal Service, ich freu mich echt.

Also stelle ich mich nach meiner körperlichen Erleichterung an das Klingelbrett und sag fein säuberlich meinen Spruch durch die Sprechanlage auf.

„Kommse rin, Vorderhaus drei Treppen!", scheppert es zurück. Grundsätzlich nehme ich Einladungen auf ein Getränk vor Ort gerne an, das gibt meistens eine gute Gesprächsbasis. Weiß der Geier, was mir in diesem Jahrzehnt alles durch die Kehle fließt, ich will es nicht wissen. „Ick wollt ma da schon längst drum kümmern", sagt der Schuldner. Laut meinen Unterlagen müsste er 42 Jahre alt sein. Zähne sind da aber keine mehr, bis auf einen einsamen Stumpen im Unterkiefer. Aber mit dem strahlt er mich fröhlich an. Hier riecht es nach Kohle, da geht was. Bestimmt nicht viel, aber immerhin.

„Willste Kaffee?", fragt er. „Ich will keine Umstände machen", sage ich höflich. „Machste ja sowieso schon!!", schreit er und stellt sich an eine Küchenzeile, die den letzten Putzlappen vor der Wende gesehen hat. „Der is noch jut, der is von jestern", murmelt er und gießt aus einer Glaskanne hellbraune Brühe in einen kleinen Kochtopf und stellt den Herd an. Heilige Scheiße! Ich schaffe tatsächlich die ganze Tasse, bis die Zahlungsvereinbarung steht.

Ich fahre einige Straßen weiter und steuere eine Wohnanlage in Schöneberg an, in der ich bei etwa hundert Wohneinheiten mindestens neunzig Prozent der Bewohner bereits kenne. Im Treppenhaus treffe ich Herrn Grobmann und sage: „Tach, Herr Grobmann!" Er erwidert: „Ach, Tach! Willste zu mir?" „Nee", sage ich, „diesmal nicht." Ich lache freundlich. Herr Grobmann klopft mir auf die Schulter und ruft: „Kannst doch langsam Kurt zu mir sagen, so oft, wie de kommst."

„Jaaa, neeneenee, Herr Grobmann, bis bald mal." Ich schlängle mich an ihm vorbei und schleppe mich die Treppen hoch. Nach vier Stockwerken kann ich für gewöhnlich nicht mehr sprechen, sofern mir keine Erholungspause gegeben ist. Es ist schwierig, ein souveränes Bild abzugeben, wenn man Atemnot und gleichzeitig ein ernstes Anliegen hat. Die Schuldnerin steht aber schon an der Tür und wartet. Hechelnd bitte ich um Einlass und darf reinkommen. Sofort erschlägt mich ein Mischgestank aus Babywindeln, Zigarettenrauch und faulem Essen. Ich klettere über Dreck und Spielzeug durch den Flur und betrete einen größeren Raum. Ein Säugling krabbelt über den Fußboden und greift mit winzigen Fingern in eine offenbar uralte Pommesschale aus Pappe, in der nicht nur Frittenreste, sondern auch Zigarettenkippen liegen. Ich lasse meinen Koffer fallen und reiße das Kind in die Luft, bevor das Ergriffene in seinem Mund landet. „Verdammt, sehen Sie das nicht?!", fahre ich die Frau an und setze das Kind in einer anderen Ecke wieder ab. Die

Luft ist zum Schneiden dick, hier wird offenbar ununterbrochen geraucht. „Machen Sie hier sofort mal ein Fenster auf!", keife ich. Im Hintergrund flackert ein Fernseher, es läuft ein Porno. Nackte Menschen in absurder Position lachen derart offen in die Kamera, als handelte es sich um ein Urlaubsvideo. Ein hoffnungsloser Fall, ich stelle meine Standardfragen und gehe wieder. Ich bin traurig und zornig.

Ich fahre heim. Sobald die Wohnungstür ins Schloss fällt, fühle ich mich geborgen. Der Dienstausweis, der an meinem Hals baumelt, wird an die Garderobe gehängt. Tagsüber ist der Ausweis für mich eine Art Schutzschild. Es ist kaum zu beschreiben, das Stück Plastik verleiht mir Selbstvertrauen und Stärke. Mit dem Abnehmen des Ausweises am Abend verschwinden die Bilder des Tages. Ich gehe duschen. Straßendreck, Elend, Wut und Mitgefühl fließen zuverlässig in den Abfluss.

Mindestsatz Hartz IV 2011

„Als Regelbedarf werden bei Personen, die alleinstehend oder alleinerziehend sind oder deren Partnerin oder Partner minderjährig ist, monatlich 364 Euro anerkannt. [...] Haben zwei Partner der Bedarfsgemeinschaft das 18. Lebensjahr vollendet, ist als Regelbedarf für jede dieser Personen ein Betrag in Höhe von monatlich 328 Euro anzuerkennen."[2]

---

[2] Zit. nach Sozialgesetzbuch, Zweites Buch (SGB II) in der Fassung der Bekanntmachung vom 13. Mai 2011 (BGBl. I S. 850, 2094): Grundsicherung für Arbeitsuchende

KAPITEL 5

Als ich mein Auto am Kottbusser Tor abstelle, bin ich auf einen anstrengenden Tag gefasst. In dieser Gegend laufe ich fast wie ein Briefträger von Haus zu Haus. Die Anwohner hier sind überwiegend türkischer Herkunft. Ich bemerke, wie eine leichte Freude in mir aufkeimt. Auch wenn in diesem Kiez die Armut besonders groß ist, so weiß ich die Gastfreundschaft der Türken mittlerweile sehr zu schätzen. Die Wohnungen sind hier meistens sehr schlicht und einfach, viele Häuser schreien nach Restaurierung. Aber es ist fast immer sauber in den Wohnungen, nicht vermüllt und verstunken, wie so oft bei meinen Schuldnern in Steglitz oder Wilmersdorf.

Ich klingle bei Familie Yildiz, hier habe ich vor ein paar Wochen einen Vergleich angeboten und für heute einen Barzahlungstermin vereinbart. Herr Yildiz öffnet die Tür und bittet mich herein. Ich ziehe sofort meine Schuhe aus, Muslime mögen es nicht, den Straßendreck in die Wohnung zu tragen. Eine Eigenschaft, die ich übernommen und bis heute gepflegt habe. Meine Füße hinterlassen feuchte Spuren auf dem Laminat, die sich zum Glück direkt wieder in Luft auflösen, ich bin dennoch leicht unangenehm berührt. „Das ist aber sauber bei Ihnen, Wahnsinn!", sage ich ehrlich beeindruckt. „Und das trotz der sechs Kinder!" Herr Yildiz sagt trocken: „Jaha, mein Frau putzt ganze Tag, weiß du. Wenn nicht putzen, dann poppen." Ich lache laut auf und schlage mir auf den Schenkel, das hat er jetzt ja echt gesagt! Bis ich plötzlich merke, dass Herr Yildiz gar nicht scherzt und mich humorlos ansieht. „Du auch wunderschön, weiß du. Du verheiratet?", fragt er ernst. „Ach, Herr Yildiz ... danke ... hihi", kichere ich leicht beschämt, meine Stimme ist eine Spur zu hoch. „Nee, nicht verheiratet, nee. Kommt sicher noch." Scheiße, was war das denn für eine bescheuerte Antwort? Ich wende mich eifrig den Unterlagen zu.

Seine Frau lässt sich nicht blicken, nur drei seiner Kinder schlittern durch den Raum, werfen sich zu mir aufs Sofa und betatschen mit klebrigen Fingern meinen Touchscreen. „Nicht machen", sage ich, „nur gucken, nicht anfassen!" Papa lächelt bloß.

„So, dann schreib ich ihnen mal die Erledigungsmitteilung, haben sie das Geld?", frage ich und hantiere mit dem Block auf meinem Schoß. „Kann man da nicht noch was machen, weiß du?", fragt er keck. „Wie jetzt?" Ich tue ahnungslos und schaue ihn fragend an. „Weniger zahlen? 100 Euro und dann Schluss? Erledigt? Alles finito! Weiß du?" Er grient mich an, ist aber deutlich befangen. „Wir haben Jobcenter!", fügt er erklärend hinzu. In Schuldnerkreisen sagt man wahlweise: Ich *habe* Jobcenter, oder: Ich *bin* Jobcenter. Und zwar unabhängig von der Nationalität. Ich kenne das Spiel und reagiere etwas über. „Herr Yildiz, ganz ehrlich, ich finde das jetzt ziemlich dreist. Ich habe ihnen bereits die Hälfte ihrer Schulden erlassen, nur aus dem Grund, dass Sie Hartz IV bekommen. Mehr ist echt nicht drin."
Er setzt noch mal an und fängt vom Schulausflug der Kinder und nötigem Zahnersatz bei sich selbst an. Ich ziehe den Reißverschluss meines Koffers zu

und signalisiere einen Verhandlungsabbruch. „Sie können da jetzt reden, wie Sie wollen, mehr Geld erlasse ich Ihnen nicht. Machen Sie, was Sie wollen! Aber denken Sie daran, wie wichtig es Ihnen bei unserem ersten Gespräch war, dass die Sache aus der Schufa verschwindet!" Ich erhebe mich abrupt.

„Gut, gut", sagt er und bittet mich mit einer Geste, wieder Platz zu nehmen „Aber echt schwierig, echt." Er blickt mich kleinlaut an. „Weiß du." Nun greift er in seine Hosentasche und reicht mir 175 Euro. Viel Geld für einen Hartz-IV-Empfänger, der von diesem Geld eigentlich keine Schulden zahlen dürfte. „Herr Yildiz, mir ist nur wichtig, dass Sie Ihren Kindern noch was zu essen kaufen können, schaffen Sie das?" „Ja, geht, geht." Herr Yildiz klopft mir kumpelhaft auf die Schulter, mir ist das unangenehm. Aha, also nur hoch gepokert.

Zum Abschied rückt er nah an mich heran und flüstert: „Kuss mick! Du hast eine so schone Korper." „Neeee", sage ich lachend. Mir wird etwas heiß vor Unbehagen. „Herr Yildiz, na hör'n Sie mal!"

Wieder im Auto sitzend, finde ich die Geschichte von Herrn Yildiz samt Frau, die nur putzt oder poppt, derart genial, dass ich meinen Kollegen in Stuttgart anrufe. Den kenne ich gut von Schulungen und einer Incentivemaßnahme, die im vergangenen Jahr in Barcelona stattfand. Die coolsten Geschichten erzählt man sich unter Kollegen gerne mal am Telefon und lacht sich zusammen schlapp.

„Reinhard, hör dir an, was mir passiert ist!" Eigentlich habe ich eine Freisprecheinrichtung im Auto, damit ich immer sowohl für Zahlungswillige als auch für Zahlungsverweigerer erreichbar bin. Seit einigen Tagen ist sie leider kaputt, der Termin in der Werkstatt ist erst übermorgen. Da denke ich: Na dann muss das halt mal so gehen. Mit einer Hand am Ohr fahre ich die Straße des 17. Juni in Richtung Großer Stern, die vertraute Goldelse winkt mir entgegen. Ich bemerke die rote Kelle nicht, die mir ein Polizist aus einem Streifenwagen in Zivil vom Straßenrand aus entgegenstreckt. Ich bin tief in mein Telefonat versunken, lachend und wild gestikulierend fahre ich an der Kelle vorbei. Reinhard erzählt jetzt auch eine spannende Geschichte, dem hat man sein Notebook vom Beifahrersitz geklaut, und er ist dem Dieb kilometerweit hinterher gerannt. Wie gefesselt hänge ich am Handy. Dass ein Polizeiauto mich verfolgt, sich dann vor mir einfädelt und mich permanent mit B i t t e f o l g e n anblinkt, nehme ich nur im Unterbewusstsein zur Kenntnis und beziehe das keineswegs auf mich. Im Gegenteil, ich telefoniere so versonnen, dass ich mich nicht auf die richtige Ausfahrt des vierspurigen Kreisverkehrs konzentrieren kann und unbekümmert mehrfach Runden drehe, bis ich genug telefoniert habe. Irgendwann checke ich dann doch, was hier vor sich geht und fahre erschrocken auf den Seitenstreifen. Wie vor den Kopf geschlagen lasse ich mich von den Polizeibeamten ausschimpfen. Hätten sie entsprechende Anstalten gemacht, hätte ich mir vor lauter Scham ohne Weiteres Handschellen anlegen lassen. Es setzt eine satte Geldstrafe und zwei Punkte in Flensburg.

Den Nachmittag verbringe ich mit einem Spießroutenlauf im Wedding in einer Straße, über die ich gelesen habe, sie sei bundesweit die Straße mit der höchsten kriminellen Quote. 50 Euro sind hier aber immer spontan zu holen. Bei Familie Özdemir ziehe ich mir wie gewohnt vor der Wohnungstür die Schuhe aus, als eine alte Frau mit Kopftuch mich hereinbittet. Sie ruft unverständliche Worte und will mir ein paar Hausschuhe geben, ich versuche energisch abzulehnen, aber sie lässt nicht mit sich reden.

„Anziehn, muss du anziehn!", ruft sie lautstark und deutet zwischen meinen Füßen und den Schuhen hin und her. Vor mir stehen ein paar unglaubliche Slipper. Es sind Latschen aus Gummi, vielleicht Badelatschen. Auf beiden Schuhen ist vorne am Riemen ein kleiner Gummidelfin befestigt, der auf seiner Schwanzflosse steht und hin und her wippt. Bei jedem Schritt ist deutlich ein Quieken zu hören! Ach du Scheiße, denke ich und will unbedingt auf Socken laufen, aber Frau Özdemir ist hartnäckig, sie versteht mich nicht richtig und kennt kein Erbarmen. Zu allem Überfluss sind die Latschen drei Nummern zu klein, die Sohle endet bei einem Drittel meiner Ferse! Ich setze mich mit den Delfinen am Fuß auf die Couch und habe Gesellschaft von ungefähr 14 Familienmitgliedern, die mich erwartungsvoll ansehen. Alle haben freien Blick auf die Delfine. Ich wünsche mir, der Boden täte sich unter mir auf. Ich bin ja wirklich für jeden Blödsinn zu haben, aber so kann ich kein seriöses Gespräch führen. Sobald ich mich bewege, quietscht ein Fuß. Stammelnd bemerke ich, dass niemand meine Sprache spricht, alle sehen sich ratlos an. Ich fühle mich aber durchaus willkommen und frage freundlich, ob irgendjemand Deutsch sprechen kann. Es tut sich nichts, die Familie schweigt, nickt und lächelt.

Nach einigen Minuten beginnen sie unvermittelt mit einer Art Gebet, gemeinsam stimmen sie ein Lied an. Irgendwie ist es aber kein richtiges Lied, eher eine Leier, aber ich verstehe ja auch nichts. Eilig schreibe ich meine Telefonnummer auf einen Zettel und lege ihn auf den Tisch. Ich stehe auf und habe das unerklärliche Gefühl, es wäre angemessen mich zu verbeugen, während ich mich verabschiede. Ich verneige mich in alle Richtungen, werde aber wie Luft behandelt. Schleunigst stapfe ich quiekend zur Tür und sehe zu, dass ich Land gewinne.

Zwischen zwei Schuldnerbesuchen setze ich mich auf eine Bank und beobachte eine riesige Schar Stare, die sich auf dem Grünstreifen tummelt. Genau hier in diesem Kiez kann man immer haufenweise Stare beobachten, die sich genüsslich im Gras suhlen. Kein Mensch will hier wohnen, wenn er nicht muss, in diesem Gebiet möchte keiner von uns Kollegen arbeiten, wenn er nicht muss. Aber die Stare scheinen keinen besseren Ort zu kennen als diesen hier. Ist schon merkwürdig. Mein Vater, ein erfolgreicher Vogelzüchter und Hobbyornithologe, hat mir alles über Vögel beigebracht und mich zu einem Vogelfan gemacht. Zufrieden betrachte ich den Schauplatz und fühle mich plötzlich ganz wohl in dieser verkommenen Straße im Wedding. Für diesen Augenblick.

**Auszug aus dem offiziellen Bußgeldkatalog 2014
Gültig ab 1. 5. 2014**

„[...] Anhebung der Grenze für die Eintragung von Punkten im Fahreignungsregister von 40 Euro auf 60 Euro wurden einige Bußgeldregelsätze an diese neuen Grenzen angepasst. Das betrifft die Regelsätze nachfolgend aufgeführter Tatbestände [...]:

[...]

Zeichen oder Haltgebot eines Polizeibeamten nicht befolgt (Nr. 129 BKat)– von 50 Euro auf 70 Euro [...]

Handyverbot (Nr. 246.1 BKat) – von 40 Euro auf 60 Euro [...]"[3]

---

[3] Zit. nach dem Bußgeldkatalog, hrsg. vom Bundesministerium für Verkehr und digitale Infrastruktur.
www.bmvi.de/SharedDocs/DE/Artikel/LA/bussgeldkatalog.html
Seitenaufruf am 29.08.2014

KAPITEL 6

Carsten

Mit dem Verkuppeln ist das so eine Sache. Selbst spielt man gerne mal den Amor, aber für einen persönlich ist das ja ausgeschlossen. Wir wollen schließlich selbst aussuchen, welches Gegenstück unseren eigenen Ansprüchen genügt.

So ist es mir gar nicht recht, als ein befreundetes Pärchen aus Berlin mich zu ihrer Hochzeit einlädt und mir schmackhaft zu machen versucht, dass dort der geeignete Partner auf mich wartet. Dieser absolviert gerade einen Bilanzbuchhalterkurs zusammen mit dem Bräutigam. Ich kenne diesen Mann nicht, Buchalter finde ich öde. Außerdem sind solche Verkupplungsspielchen peinlich und albern. Man ignoriert meine Ablehnung und setzt mich bei der Feier neben ihn. Während er, genauso auf mich vorprogrammiert wie ich auf ihn, schon sein Platzkärtchen sichtet und ich noch durch die Reihen schleiche und so tue, als wüsste ich nicht, wo ich hin muss, sind wir uns durchaus bewusst, mit wem wir es zu tun haben. Unauffällig begutachten wir einander, beharrlich darauf fixiert, allein aufgrund der vorhandenen Verkupplungsabsicht Antipathien beim anderen wahrnehmen zu müssen.

„Hallo, ich bin Kati, und ich sag dir gleich, ich hab schon ordentlich einen sitzen", eröffne ich widerwillig das Gespräch. „Keine Panik, das hole ich schon auf", meint er leicht abweisend. Nach dem vierten

Glas Wein und der Vorspeise ist der Bann gebrochen. Wir verweilen den ganzen Abend beisammen, weichen nicht mehr voneinander, ich himmle ihn an wie eine notgeile Mittsechzigerin auf Kegelfahrt. Ich futtere wie besessen Süßspeisen vom Buffet, weil Carsten mehr auf Schokolade steht, statt wie ich auf Pommes. Ich esse mich nicht satt, weil Mädchen, die Männern gefallen möchten, nur kleine Portionen vertragen.

Carsten bittet mich zum Tanz. Jahre später weiß ich dann, dass er lieber nackt über den Alexanderplatz laufen würde, statt öffentlich zu tanzen. Ich hasse Paartanz gleichermaßen, springe dennoch begeistert auf und schwinge kokett die Hüften in der Gewissheit, dass die Shapewäsche ihren Dienst tut. „Es ist Freestyle angesagt", sagt der DJ. Ich löse mich von Carsten und hüpfe verwegen auf und ab, die Arme seitlich am Rumpf baumelnd, um überschüssige Leibesmasse zu verbergen. Die Schmach ist nicht in Worte zu fassen. Carsten ist irritiert über den plötzlichen Alleingang und mimt unbeholfen den Bär auf heißer Steinplatte. Ich möchte mir in die Faust beißen, um nicht laut loszulachen.

Ich muss mal wohin. Auf dem Weg zur Toilette laufe ich durch die angrenzende öffentliche Gaststätte. „Eh, jetzt guck dir das an, da ist ja meine Lieblingsgeldeintreiberin!", höre ich eine männliche Stimme vom Tresen. Ich winke lachend rüber, als träfe ich gerade unerwartet einen alten Schulfreund. Das Gesicht ist mir völlig fremd.

Man begegnet immer mal wieder einem Schuldner in der Öffentlichkeit, selbst in einer Stadt wie Berlin.

Meistens ist das in Ordnung, man grüßt sich oder sieht einfach weg. Einmal erkenne ich in der U-Bahn einen Schuldner wieder, der mir einige Tage zuvor aus dem Fenster in Charlottenburg eine Tasse Kaffee aus dem Fenster direkt über den Kopf gegossen und mich dabei wüst beschimpft hat. Er beginnt mit seinem Kumpel über mich zu sprechen, ich hab die Hosen sofort randvoll. Zum Glück bleibt es bei dem Getuschel.

Ich vergesse eigentlich Schuldnergesichter schnell wieder. Einmal bete ich vor einer Frau an der Tür meine Litanei herunter, als sie mich unterbricht und fragt: „Wollen Sie mich verarschen? Sie waren doch vor zwei Wochen hier und haben mir genau dasselbe schon mal gesagt, da waren sie doch wegen dem Gläubiger Soundso hier!" Ich verstumme entgeistert. Ich hätte meinen Arsch darauf verwettet, weder die Frau noch das Haus jemals vorher gesehen zu haben. Erst als sie mich daran erinnert, dass sie mir einen Eistee gemacht hat, hab ich's langsam wieder auf dem Schirm. Peinlich.

Als ich mit dem Toilettengang auf der Hochzeitsfeier fertig bin und meine Nase nachgepudert habe, steht Carsten ebenfalls vor den sanitären Einrichtungen. Wir verbringen den Rest des Abends dort an einem schäbigen Holztisch, an dem normalerweise vermutlich die Klofrau verweilt, und erzählen uns unsere Lebensgeschichten. Carsten ist in der DDR aufgewachsen. Ach, guck mal. Ich verkneife mir circa zwölf Ossiwitze, die mir auf der Stelle einfallen.

Gegen vier Uhr will ich mich langsam verabschieden. Ich sage tschüss und denke mir, er wird mich nicht so einfach gehen lassen. Tut er aber. Ich laufe enttäuscht den Gang entlang, als Carsten plötzlich hinter mir ruft: „Kati, halt!" Ich drehe mich um und erwarte einen Carsten, der wie in Zeitlupe auf mich zurennt, sich das Hemd vom Leib reißend. Er hält jedoch eine zerbeulte Zigarettenpackung in die Höhe „Hier, die hast du vergessen", sagt er und ist wieder weg. Ich zerrupfe die Schachtel in tausend Stücke. Da muss doch eine Telefonnummer sein, ein Name, irgendwas! Nein, nichts. Blödmann, denke ich, jetzt hast du den ganzen Abend geschnorrt und mitgepafft, da hättest du auch den Rest behalten können. Müde und bekümmert gehe ich weiter. Ich weiß lediglich seinen Vornamen.

Zwei Wochen später kommt eine SMS von der Braut: Ein gewisser Carsten fragt nach deiner Nummer ;-) Kann ich sie ihm geben? Mein Herz macht einen Sprung, ich antworte: Keine Ahnung, wen von den ganzen Typen du meinst, aber mach mal. Einen Tag später steht Carsten vor meiner Tür, eine weiße Rose in der Hand, drei Flaschen Wein sowie einen Strauß Karotten fürs geplante Risotto im Rucksack. Ich finde Risotto eher mittelmäßig, will aber nichts sagen.

„Köstlich!", strahle ich zwei Stunden später mümmelnd in sein Gesicht, sein haarloses Haupt glänzt im Kerzenschein.

Seither sind wir nicht nur ein Liebespaar, wir sind Gefährten und allerbeste Freunde.

KAPITEL 7

Ich biege in die Potsdamer Straße ein und halte nach einem Parkplatz Ausschau. Mit dem Smart konnte man sich wirklich überall kurz hinstellen, sogar auf den Gehweg. Inzwischen ist mein Dienstwagen aber ein Opel, der ist zwar komfortabler, aber Parken ist damit in der City unangenehmer. Ich fahre ihn trotzdem gerne, weil man die Schenkel in diesem Auto nicht so sehr an die des Schuldners pressen muss, wenn man mal mit einem zur Bank fährt oder wenn ein Zahlungstermin im Auto abgewickelt wird. Ich finde einen Parkplatz um die Ecke in der Kurfürstenstraße, direkt beim Straßenstrich. Hier erkennt man mich häufiger mal, ich habe bereits einigen Leuten in dieser Gegend schon eine Audienz gegeben. Ich laufe die Straße entlang, führe hier und da einen Small Talk und schüttle eine aufdringliche Prostituierte ab, die mich als Kundin anwirbt.

Irgendwann war ich mal auf einen Junggesellinnenabend einer Freundin eingeladen und mir kam die Idee, ich könnte in einem dieser endlos vielen Erotik-Shops eine Tüte Gummibärchen-Pimmel kaufen. Das wäre doch ein netter Gag für diesen Anlass, dachte ich. Es scheiterte daran, dass ich letztendlich eine halbe Stunde vor so einem Laden herumschlich und immer wieder erkannt wurde, sobald ich mich in unmittelbarer Nähe des Eingangs befand, durch den ich unbemerkt schlüpfen wollte. Dann war mir das irgendwie doch zu blöd.

Auf mein Klingeln im dritten Stock wird sofort geöffnet. Ein großer, dünner Mann mit Mütze öffnet und bittet mich sofort herein, obwohl ich noch nicht einmal erwähnt habe, worum es geht. Die Wohnung ist spärlich eingerichtet, aber sauber. Der dünne Mann stellt sich mir als Lebensgefährte des Schuldners vor, der Schuldner selbst schlafe angeblich gerade. Am helllichten Tag. Die Schulden seien dem Dünnen bekannt, es seien weiß Gott nicht die einzigen, die da noch in der Pipeline hingen. Er und sein Partner seien hoch verschuldet infolge einer HIV-Erkrankung des Schuldners, deshalb schliefe der auch ständig. Ich nippe betroffen an dem Kaffee, der mir wie selbstverständlich eingeschenkt wurde. Die Story kauf ich ihm ab. Im Laufe der Jahre findet man ziemlich schnell heraus, wer einem Mist erzählt und wer nicht. Und glauben Sie bloß nicht, dass man mit schrecklichen Krankheiten und Sterbefällen nicht spaßen würde, geübte Schuldner verlieren diesbezüglich jeglichen Skrupel.

Während der Dünne und ich betreten in unsere Kaffeebecher schauen, fühle ich mich zunehmend unbehaglich. Ich passe nicht in diese Situation, ich passe überhaupt nicht an diesen Ort, zumindest nicht mit diesem Auftrag. Der Dünne legt mir ärztliche Atteste vor, welche dem Schuldner eine Lebenserwartung von circa sechs Monaten bescheinigen. Er zeigt mir eine sorgfältige Auflistung der Schulden sowie Bereinigungspläne. Ich bin schwer beeindruckt, gerate augenblicklich an meine emotionale Grenze und bin überfordert. Ich versichere, die Forderung ohne Zahlungsvereinbarung zu stunden und versuche den Dünnen davon zu überzeugen, wie unwichtig diese Angelegenheit sei. Zu meiner Überraschung besteht er auf einer Ratenzahlung.

„Er will ein paar Sachen unbedingt in Ordnung bringen, bevor es so weit ist", sagt der Dünne. „Diese Forderung ist eine davon." Wir vereinbaren einen ersten Zahlungstermin für den darauffolgenden Dienstag.

Zum Termin ist auch der Schuldner wach, er sieht mich lächelnd an und reicht mir die vereinbarten 20 Euro. Ich habe keine Erfahrung im Umgang mit Menschen, die bald sterben, und ich habe vielleicht jemand anderes erwartet, aber ich weiß nicht wen. Der Mann sieht normal aus, ein bisschen blass vielleicht. Ich schäme mich irgendwie. Nach dem Geld zu greifen, erscheint mir pietätlos. Dass vor Jahren mal eine Leistung erbracht wurde, die nicht bezahlt wurde, spielt keine Rolle mehr. Der Schuldner sagt mir, er brauche nicht viel Geld, außer für die Miete und seine Medikamente. Der Höhepunkt einer Woche bestünde für ihn und den Dünnen darin, um die Ecke im Café Muck einen Latte macchiato zu trinken, auf den Barhockern am Fenster zu thronen und rauszuschauen auf das Straßentreiben. Nun ließe er das ein- oder zweimal ausfallen, aber dafür sinke der Schuldenberg, den er hinterließe, und das beruhige ihn.

Voller Respekt verlasse ich das Haus. Am liebsten würde ich den Zwanziger in den Briefkasten werfen und ihn aus eigener Tasche bezahlen. Es ist das erste und einzige Mal in den zehn Jahren, dass ich solche Gedankengänge habe. Ich blicke rüber zum Café Muck. Es ist so eine Art amerikanischer Coffeeshop, ein Selbstbedienungscafé, bei dem man an der Theke mindestens 15 Fragen beantworten muss, bevor man seinen Becher in der Hand hält.

Ohne nachzudenken betrete ich das Café, stelle mich in die Schlange und kaufe einen Verzehrgutschein für 10 Euro. Ich gehe zurück und stecke den Gutschein anonym in den Briefkasten des Schuldners.

Gefühle dieser Art lasse ich generell nicht zu, dieser Moment bleibt eine Ausnahme. Ich sage mir immer: Ich hänge mir meinen Dienstausweis um und ich betätige einen virtuellen Schalter, der mich einen guten Job machen lässt. Wenn man es genau nimmt, müsste ich wöchentlich mehrfach Polizei und Jugendamt verständigen, aber das ist nicht meine Aufgabe. Ich bin für die Bezahlung der Schulden verantwortlich, alles andere müssen andere tun. Das mag vielen Menschen skrupellos erscheinen, und das ist es wahrscheinlich auch, aber diese Einstellung macht meinen Erfolg aus. Mir wird im Laufe der Jahre klar, dass jeder die Verantwortung für sich selbst trägt. Ich hasse es, wenn die Menschen immer von den armen Schuldnern sprechen, aber nie von den armen Gläubigern. Ich stand mal in meiner Freizeit auf der Rolltreppe im U-Bahnhof Friedrichstraße, als eine Stimme aus mindestens hundert Metern Entfernung rief: „Da ist ja die Inkassoschlampe!" In solchen Situationen strecke ich stets die Brust raus und zeige mich selbstbewusst. In der Öffentlichkeit erkannt und beschimpft zu werden, hinterließ nie Spuren bei mir, es hat mich eher größer gemacht. Aus Angst davor, man könnte mich privat ausfindig machen, achte ich natürlich darauf, dass mein Name nie in irgendwelchen sozialen Netzwerken erscheint. Allein ein Telefonbucheintrag käme für mich einer Katastrophe gleich. Dennoch hab ich es immer geschafft, keine Ängste darüber aufzubauen, man könne mich privat ausfindig machen.

Ich fahre auf dem Weg nach Hause noch einen weiteren Zahlungstermin an, der auf dem Heimweg liegt. Ein schickes Mehrfamilienhaus, ich kreise mehrfach um den Block, bis ich einen Parkplatz finde. Bislang habe ich mit der Schuldnerin lediglich telefoniert, infolge einer von mir im Briefkasten hinterlassenen Benachrichtigung. Wir vereinbarten eine Barzahlung in Höhe von 700 Euro. Am Telefon sagte man mir bereits, dass ich in die Dachwohnung müsse. Eine Tafel im Eingangsbereich, der sogenannte Stille Portier, signalisiert mir, dass es sich um eine Suite mit Dachterrasse handelt. Ach nee, wer hat, der hat, oder was? Offensichtlich ein Profischuldner, so was gibt es. Die leben in Saus und Braus und haben kein nachweisliches Vermögen, jegliches Eigentum gehört dem Partner oder sonst wem, da ist man machtlos. Ich ärgere mich noch im Fahrstuhl darüber, telefonisch einen teilweisen Schulderlass genehmigt zu haben.

Die Wohnungstür öffnet sich und mir stockt der Atem: Die kenne ich ja! Die sehe ich doch täglich im Fernsehen! Sie spielt eine Hauptrolle in meiner Lieblings-Daily-Soap! Wie geil ist das denn! Ich muss mich regelrecht zusammenreißen, nicht auf und ab zu hüpfen. Ich kann mir ein breites Lächeln nicht verkneifen und sage: „Mensch, Sie kenne ich!" Sie lächelt freundlich zurück, leicht peinlich berührt. Sie läuft in einem weißen Bademantel vor mir her und bietet mir einen Platz an einem riesigen runden Esstisch an.

„Können wir das schnell erledigen, ich werde bald abgeholt und muss mich noch zurechtmachen", sagt sie und sieht mich entschuldigend an. „Logisch, das dauert nur eine Minute", erwidere ich aufgeregt und ermahne mich zur Professionalität. Sie wird nicht deine Freundin werden, flüstere ich mir selbst in Gedanken zu und erläutere mit fester Stimme das von mir geschriebene Dokument. Ich spüre deutlich ihre Unruhe, ihr scheint ihre Lage extrem peinlich zu sein, sie spricht von einer Jugendsünde.

Ich packe mein Zeug zusammen und schmunzle in mich hinein. Es ist immer lustig, wenn junge Leute, die kaum zwei Jahrzehnte auf der Welt sind, in Bezug auf ihre Schulden von Jugendsünden sprechen.

Der eine oder andere B- oder C-Promi tauchte hin und wieder im Laufe der Jahre als Schuldner auf. Zumeist waren das leicht abzuarbeitende Vorgänge, die reibungslos zum Erfolg führten. Natürlich machte das unter uns Kollegen immer verbotenerweise sofort die Runde und wir zerrissen uns darüber die Mäuler. Zum Autogrammjäger ist aber deshalb niemand von uns geworden.

KAPITEL 8

Ich stehe an einer roten Ampel in Fahrtrichtung geradeaus und zupfe mir die Augenbrauen. Ich nutze rote Ampeln oft zum Augenbrauenzupfen, es gibt einfach kein besseres Licht als in einem Auto unter der Frontscheibe im Rückspiegel. Wo andere Kugelschreiber und Taschentücher in der Mittelkonsole lagern, liegt bei mir eine Pinzette. Neben mir hält ein roter Ford auf der Rechtsabbiegerspur. Allerdings werde ich nur auf ihn aufmerksam, weil er mit dem Auto unablässig ein paar Zentimeter vor und wieder zurück rollt, hin und her, hin und her. Er will offensichtlich unbedingt, dass ich gucke. Ich schaue irritiert rüber und sehe in die Augen eines perfekt gestylten südländischen Typen in den Enddreißigern, der mich lüstern angrinst, die Haare streng zu einem Zopf gebunden. Nicht so ein Ökozopf, wie man ihn so kennt oder wie Karl Lagerfeld ihn trägt, sondern einen richtigen Mädchenzopf, ganz weit oben am Hinterkopf. Die Frisur sieht wirklich lächerlich aus, aber das hält ihn nicht davon ab, mir zuzuzwinkern und Luftküsse entgegenzuhauchen. Ich werfe die Pinzette zurück in die Konsole, das mit der Zupferei muss ja nicht unbedingt jemand mitkriegen, nicht mal einer wie der. Ich wende meinen Kopf wieder in Fahrtrichtung.

Meine Ampel wird grün, der Wagen vor mir setzt sich in Bewegung, ich schüttle herablassend den Kopf und lasse die Kupplung kommen. Der Zopf ist derart ins Balz- und Imponiergehabe vertieft, dass er es mir gedankenlos gleichtut und losfährt. Angeberisch lässt er die Reifen quietschen und schießt los. Nur leider bedeutet die Tatsache, dass ich auf der Geradeausspur grünes Licht bekomme, nicht automatisch, dass es auf der Rechtsabbiegerspur auch grün wird. Seine Ampel steht noch auf Rot und er knallt mit voller Wucht in den vor ihm wartenden A 4. Im Rückspiegel sehe ich, wie er die Hände über dem Kopf zusammenschlägt. Nach einem kurzen Schreck muss ich mich vor Lachen schütteln. Kleine Sünden bestraft der liebe Gott halt doch sofort.

Ich halte in Moabit vor einem Mehrfamilienhaus ohne Haustür. Im Hauseingang liegt die komplette Briefkastenanlage in Einzelteilen auf dem Fußboden, dazwischen Zigarettenstummel und Zeitungen. Ich finde auf einem der Kästen den Namen meiner gesuchten Person und durchkämme das Treppenhaus. Die Aufgänge sind in einem miserablen Zustand, ein übler Geruch nach Katzenurin steigt mir in die Nase. In der dritten Etage wurde *Familie Walter* direkt mit Filzstift auf den Türrahmen geschrieben. Na bitte! Ich drücke den Klingelknopf. Frau Walter öffnet die Tür, ich stelle mich vor und erkläre den Grund meines Besuchs.

Wenn beim Öffnen einer Wohnungstür der mir entgegenwehende Gestank zu groß ist, bestehe ich darauf, alles im Hausflur zu regeln. In alten Häusern befindet sich der Briefschlitz manchmal direkt an der Wohnungstür. Es gibt Fälle, da kippt man fast hintenüber, wenn man ihn öffnet, um eine Nachricht zu hinterlassen. Solche Gerüche verankern sich mit Widerhaken in den Klamotten und in den Nasenflügeln, man wird sie den ganzen Tag nicht mehr los. Einmal wollte ich durch einen solchen Schlitz eine Karte einwerfen, nachdem augenscheinlich niemand zu Hause war. Neben einem ungeheuerlichen Gestank schlugen mir Spucketropfen aus einem enormen Hundekopf entgegen, der wie auf Kommando losbellte. Sekundenlang dachte ich, mein letztes Stündchen hätte geschlagen, ich war zu Tode erschrocken. Ein anderes Mal sah ich durch den Schlitz ein paar weiße, schwarz behaarte Männerbeine. Diese unbemerkte plötzliche Nähe hat mir fast einen nicht minder großen Schrecken eingejagt.

Bei meinem heutigen Fall in Moabit kommt mir aber alles ganz passabel vor und ich betrete nach Aufforderung die Räume. Ich werde in ein Zimmer geleitet, das scheinbar gleichzeitig Wohnzimmer und Küche ist, und nehme an einem Tisch Platz, auf dem eine bestickte Blumentischdecke liegt. So was kenne ich nur von der ganz alten Generation. Diese Frau hier ist laut meinen Papieren erst vierzig, aber das mit der Decke ist ja nun nicht weiter schlimm. Ich führe mit Frau Walter mein sogenanntes Lösungsgespräch. Sie beteuert mir mit Unschuldsmiene, nie etwas von dieser Sache gehört zu haben, auch die ganze Post vom Gericht habe sie nie erhalten. Auf keinen Fall erkenne sie diese Schulden an, auf Gedeih und Verderb nicht. Ich höre ihr geduldig zu, bis sie fertig ist. So was beeindruckt mich längst nicht mehr, sie lügt wie gedruckt. Während sie redet, fühle ich mich eigenartig, irgendwas stimmt doch hier nicht, ich weiß bloß nicht was. Ist da noch jemand in der Wohnung? Ich sehe mich um. Nein, wie's aussieht, sind wir bis auf ein paar Katzen und einen Schäferhund, der reglos unter dem Tisch liegt, allein. Ich vertreibe den Gedanken und erläutere Frau Walter den Sachverhalt. Ich gebe ihr zu verstehen, dass ich ihr nicht glaube und dass ich so einfach nicht wieder gehe. Dann sitzt sie mit hängenden Schultern einsichtig vor mir. Sechs Katzen habe sie und zwei Hunde, die liebe sie wie eigene Kinder, das koste unglaublich viel Geld. Und fürs Rauchen gehe ja auch eine Menge drauf.

Witzig, wenn man einen Schuldner bittet, seine Fixkosten mal aufzuschreiben, stehen Rauchmittel immer ganz oben im Ranking.

Einmal wöchentlich müsse sie schon zur örtlichen Tafel gehen, um über die Runden zu kommen. Ich nicke verständnisvoll, bin aber etwas genervt, weil sie die Methode geändert hat und auf die Tränendrüse drücken will. Außerdem habe ich noch immer das Gefühl, dass hier etwas eigenartig ist. Wenn bloß mehr Licht im Raum wäre, dann könnte man mal besser gucken. Aber es hängen schwere Decken vor den Fenstern.

Mit Hartz IV sind natürlich keine großen Sprünge zu machen, das weiß sogar ich. Das Arbeitsamt kürzt sofort die Leistungen, wenn die dort mitkriegen, dass von ihren Sozialleistungen Schulden bezahlt werden. Aber das sage ich Frau Walter natürlich nicht. Ich überrede sie zu einer Minimalrate und suche in meinem Koffer nach meinem Kugelschreiber, was bei dieser kargen Beleuchtung einen Moment dauert. Wir halten die Vereinbarung schriftlich fest, ich kassiere die erste Rate und packe meine Sachen zusammen. „Mann, Frau Walter, es ist Mittagszeit und hier ist es dunkel wie im Bärenhintern!", sage ich, um die Schlussszene ein wenig aufzulockern.

Plötzlich fällt es mir wie Schuppen von den Augen Jetzt sehe ich, was hier ganz und gar nicht stimmt! Diese Wohnung hat keine Ecken! Ich befinde mich eher in einer Höhle, zwar nicht so, dass man sich ducken müsste, aber es ist eindeutig alles rund! Das ist so absurd, da muss man erstmal drauf kommen! Auf dem Boden liegt so etwas wie ein Teppich, der aber an Nutzstellen deutlich abgewetzt ist und nahtlos in die Wand übergeht. Ich fühle mich wie in einem Fuchsbau, das Raumklima ist auch entsprechend. „Machen Sie jetzt bitte mal Licht an, Frau Walter!", verlange ich energisch. Sie scheint sich nicht zu trauen, mir zu widersprechen und kippt den Schalter.

Der Schein der Deckenlampe lässt keinen Zweifel, die gesamte Wohnung ist eckenlos, sie ist rund. Nach genauerem Hinsehen ermittle ich an den Wänden, den Böden und der Decke eine regelrechte Wandverkleidung, einen Teppich aus Tierhaaren! Als wäre eine Auslegware aus Tierhaar sorgfältig überall angeklebt worden. Das Bild ist unbeschreiblich, das muss quasi über Jahrzehnte hinweg gewachsen sein. So etwas habe ich noch nie gesehen, geschweige denn für möglich gehalten. Ich sehe Frau Walter schockiert an und habe das Gefühl, ich sollte irgendetwas sagen. „Frau Walter, Sie müssen hier echt mal was tun, so können Sie doch nicht leben!" Sie nickt. „Ja klar, ich weiß, das wollte ich eh jetzt bald mal sauber machen."

Auf dem Weg zum nächsten Schuldner halte ich kurz bei einem Supermarkt an, um einzukaufen. Es ist ein enorm großer Vorteil meines Jobs, dass ich solche Dinge zwischendurch erledigen kann. Arztbesuche, Besorgungen, das lässt sich alles zwischendurch einrichten und wird von meinem Arbeitgeber schweigend geduldet. Ich packe meinen Einkaufszettel aus, schnappe mir einen klapprigen Drahtwagen und laufe suchend durch die Regalreihen, als mich ein altbekannter Schuldner aus dem Kiez anspricht. „Ach, Sie kofen ock hier ein? Mittagspause, wa? Jeht dit klar nächste Woche mit unserm Termin? Ick kann Ihnen aber bloß n Fuffi jeben", johlt er durch die Auslagen. Toll, jetzt gucken alle. Ich kann mich an seinen Namen nicht erinnern, er ist ein stattlicher Mann Anfang fünfzig. Er schlendert um meinen Einkaufswagen herum und starrt neugierig hinein. „Watt jibt et denn bei Ihnen?", setzt er neugierig nach. Er mustert penetrant die in meinem Wagen liegenden Artikel, eine Stützstrumpfhose, ein Antischuppenshampoo und eine Packung Slipeinlagen mit Frischeduft. Er verzieht den Mund. „Man tut, wat man kann, wa?", feixt er. „Natürlich bleibt es bei unserem Termin", nuschle ich und ziehe eilig an ihm vorbei Richtung Kasse. Ich schicke ein Stoßgebet in den Himmel, Herr, bewahr mir meine Würde! Im Schweinsgalopp marschiere ich zum Auto. Seitdem erledige ich meine Privateinkäufe grundsätzlich außerhalb meines Inkassogebietes.

Den Zahlungstermin in der Folgewoche lässt der Schuldner platzen, er öffnet erst gar nicht die Tür. Das beziehe ich zwar nicht auf unsere Supermarktbegegnung, aber ich bin ausnahmsweise nicht böse drum.

KAPITEL 9

„Liebe Mitarbeiterinnen und Mitarbeiter, auf Ihr Wohl!" Der Geschäftsführer unseres Inkassounternehmens hält sein Bierglas hoch in die Luft. „Bis 23 Uhr geht alles auf die Firma, danach übernimmt jeder seine Getränke selbst! Aber denken Sie daran, morgen früh fit zu sein!"

Herrlich, ich liebe jede Art von Schulung oder Firmenfeier. Die Mitarbeiter kommen von überall her in die Zentrale gereist, man trinkt und isst gemeinsam, tauscht sich aus und lacht sich kaputt. Von solchen Treffen zehren wir wochenlang, sie geben uns Futter für die nächsten Wochen als Einzelkämpfer.

Der Grund dieser Schulung, drei Jahre, nachdem ich den Job angetreten habe, ist ein neues Aufgabengebiet für uns Außendienstler. Ab sofort sollen wir Fahrzeuge aus unbezahlten Leasing- und Finanzierungsverträgen eines großen deutschen Automobilherstellers sicherstellen. Keiner von uns wird morgen fit für das Seminar sein, aber das juckt augenblicklich niemanden. Ein paar Tage oder auch nur Stunden Teil eines Teams zu sein, zu hören, dass andere gleichermaßen erschreckende Dinge erleben und dass die Quote der geplatzten Zahlungstermine nicht nur bei einem selbst bei achtzig Prozent liegt, das ist alles, was gerade zählt. Wir haben untereinander durchaus telefonischen Kontakt, jeder bedarf mal eines moralischen Aufbautelefonats, aber das hier ist nicht das Gleiche. Das vorhandene Gefühl der Gemeinschaft sauge ich gierig in mich auf und nehme einen anständigen Kater am nächsten Morgen gerne in Kauf.

Wenn es gut läuft, soll ich am übernächsten Tag zur Kfz-Gutachterin ernannt werden. Der Vorsitzende einer professionellen Versicherungsgruppe bringt uns binnen zwei Tagen bei, wie man souverän Kfz-Gutachten erstellt.

Ich für meinen Teil verstehe nur Bahnhof. Wenn ich von irgendeiner Sache überhaupt keine Ahnung habe, dann sind das Autos. Im Außendienst lernt man das Meiste eh erst in der Praxis, trotzdem pauke ich brav die Grundsätze und konzentriere mich auf den langweiligen Stoff.

Gegen Ende des zweiten Tages gehen wir zusammen mit dem Prüfer auf einen großen Parkplatz vor dem Firmengebäude, um einen Praxistest zu absolvieren. Ich habe weiche Knie, wir sollen jetzt eigenständig ein uns zugewiesenes Auto äußerlich begutachten und protokollieren. Wenn ich hier bestehe, gibt es eine Urkunde und wir können loslegen. Der Blick des Prüfers wandert über die etwa achtzig Autos, die hier rumstehen. Er wählt willkürlich einige Fahrzeuge aus und beginnt mit der Aufgabenverteilung.

„Herr Müller, Sie nehmen den grünen Passat da hinten, Herr Scheibe bitte zum schwarzen X 3, Frau Klinge übernimmt den weißen TT!" Und dann: „Frau Böker bitte hinten zum blauen Twingo!" Er deutet Richtung Westen, das ist meine einzige Hilfestellung, als ich mit schlackernden Beinen loslaufe. Ich weiß überhaupt gar nicht, wie ein Twingo aussieht, geschweige denn, welche Automobilmarke das ist. Das kann ja heiter werden. Zum Glück kenne ich die Farbe Blau und es steht nur ein Auto in dieser Farbe im westlichen Parkplatzareal. Ein kleines Auto, Gott sei Dank! Das Glück ist mit den Dummen.

Ich lege los und mime den Profi. Nach außen muss das aussehen, als hätte ich mein Leben lang nichts anderes gemacht, als Fahrzeuggutachten erstellt.

Das A und O in diesem Job ist es, zu bluffen. Egal, wie wenig Ahnung man hat, und egal, wie viel Angst man hat, wer das Bluffen beherrscht, befindet sich auf der Gewinnerseite, immer. Wer das nicht beherrscht, ist im Inkassobereich fehl am Platze.

Übertrieben selbstbewusst absolviere ich vollkommen ahnungslos diesen Test und bin ab sofort Fahrzeugsicherstellerin.

Ich bin eigentlich gedanklich schon im Wochenende, als man mir an einem Freitagnachmittag einen Sicherstellungsauftrag in Wilmersdorf disponiert. Da fahre ich noch mal kurz ran und check die Lage, denke ich mir und finde einen Parkplatz direkt vorm Haus. Da steht auch das Auto, um das es geht, das läuft ja wie geschmiert. Sicherstellen möchte ich das aber eigentlich jetzt nicht mehr, so eine Prozedur bringt immer ein wenig Aufregung mit sich. In den letzten Wochen habe ich bereits etliche Autos sichergestellt, deshalb weiß ich, dass das einen beachtlichen Rattenschwanz an Arbeit mit sich bringt, den ich an einem Freitagnachmittag keinesfalls noch bewältigen will.

Erstmal nur gucken, ob die da sind, vielleicht kurz quatschen, eventuell eine Rückrufbitte hinterlassen. Mein Schuldner ist eine Firma, offensichtlich ein Securityunternehmen. Gemäß der kurzen Internetrecherchen, die ich im Auto noch schnell ausgeführt habe, beschäftigt diese Firma etwa dreißig Mitarbeiter im Raum Berlin. Ein Mann mit Glatze um die vierzig, groß wie ein Schrank, macht mir auf und setzt nach meinem Vortrag direkt eine überhebliche Miene auf. Er macht mir unmissverständlich klar, dass ich mich auf den Kopf stellen kann, das Auto bekomme ich auf gar keinen Fall. Die Aufzählung von Paragrafen sowie die Tatsache, sich strafbar zu machen, lässt ihn völlig unbeeindruckt, arrogant verschränkt er die Arme und zeigt mir so seinen enormen Bizeps. Im Türrahmen erscheinen drei weitere Typen gleicher Bauart, ich bin leicht eingeschüchtert, lasse mir aber nicht das Geringste anmerken. „Ich möchte den Geschäftsführer sprechen, Herrn Jacek, ist der da?", frage ich mit fester Stimme. „Der bin ich", sagt der Kleinste des Wurfs, dennoch einen satten Kopf größer als ich. „Mein Anwalt ist gerade im Haus, kommen Sie rein, wir klären das sofort", meint er mit zusammengekniffenen Augen.

Die Büros sind im Souterrain, mir wird zusehends mulmig, als ich zwischen den Männern die Treppe hinabsteige. Ich ärgere mich, dass ich mit in den Keller gehe, das ist viel zu gefährlich. Aber meistens kommt gerade bei den Leuten mit dem gruseligsten Aussehen nur heiße Luft und ich möchte keine Angst signalisieren. In einem Raum steht ein Jugendzimmerschreibtisch aus Furnierholz, die Kanten lösen und rollen sich wie Hobelspäne. Ich setze mich auf ein Sofa gegenüber vom Schreibtisch und versinke viel zu tief darin. Ich stelle fest, dass meine Knie fast ans Kinn stoßen, und fühle mich in dieser Position ausgeliefert. „Worum geht es denn?", fragt ein rothaariger Mann mit weißem Baseballcap und osteuropäischem Akzent. Er sieht mich durchdringend an, während er an einem Zigarillo zieht, die anderen Männer positionieren sich im Türrahmen. Ich erläutere mein Anliegen und nehme nebenbei zur Kenntnis, dass ich hier nicht rauskomme, wenn die es nicht wollen.

Panik steigt in mir auf, ich bemühe mich um ein furchtloses Erscheinungsbild. Ich höre nicht, was der Mann am Schreibtisch sagt, ich weiß nur eins, der ist alles, aber niemals ein Anwalt, der kennt sich überhaupt nicht aus. Was er von sich gibt, ist geistiger Durchfall, man braucht kein Jurastudium, um zu merken, dass der keinen blassen Schimmer vom Gesetz hat. Seiner physischen Überlegenheit ist er sich dennoch bewusst und lässt mich in gebrochenem Deutsch wissen, dass es hier für mich nichts zu tun gibt. Während er spricht, sieht man ausschließlich die Zähne seines Unterkiefers, die Oberlippe verdeckt die obere Zahnreihe. Mir fällt auf, dass links unten ein oder zwei Zähne fehlen. „Sie bleiben hier! Sie gehen, wenn ich es sage!", brüllt das Baseballcap, als ich versuche aufzustehen und den Jungs mitteile, dass ich mich nächste Woche noch mal melden würde. Die Eierköpfe stehen herrschaftlich im Türrahmen und blicken starr geradeaus. Ich versuche angestrengt, nicht die Fassung zu verlieren, Schweiß tritt auf meine Stirn. Ich lege einen Schalter in meinem Kopf um. Ich muss hier sofort raus, ein anderes Ziel gibt es für mich nicht mehr. Ich behaupte, ein Kollege von mir würde im Auto auf mich warten, merke aber sofort, wie verzweifelt und unglaubwürdig das klingen muss. Ich versuche hilflos Einsicht zu vermitteln, teile mit, die Sache noch mal prüfen zu wollen, sicher würde er recht haben und das Ganze sich als ein Irrtum herausstellen, ein Bearbeitungsfehler seitens des Gläubigers.

Verzweifelt rede ich mir ein, dass die genauso bluffen wie ich. Bloß die sind zu fünft und ich stehe kurz vor einer Panikattacke.

Irgendwie schaffe ich es, einen kühlen Kopf zu bewahren. Groteskerweise fange ich an, mit ihnen zu flirten, das ist oftmals in heiklen Situationen mein letzter Joker. Ich bekunde Interesse an der Securitybranche, zeige mich naiv neugierig. Das Mädchen, das plötzlich einen Sinneswandel hat und die Muskeln und den Hochmut dieser Kampfmonster bewundert, wird mir offenbar abgekauft. Ich rede und rede, lächle in die Runde, lasse meinen Blick immer wieder kurz auf den nackten Armen der Männer ruhen, um den Betreffenden sogleich mit einem bewundernden Augenaufschlag zu belohnen. Man spürt förmlich, wie jedem Einzelnen der Kamm schwillt vor Eitelkeit.

Durch den Themenwechsel krieg ich nach einigen Minuten die Kurve, mache gekonnt einen auf Kumpel. Bis heute ist mir völlig unerklärlich, wie ich trotz meiner unbeschreiblichen Angst zu so einem Schauspiel in der Lage sein konnte. Irgendwann hab ich sie so weit, mir gelingt noch ein belangloser

Scherz über das Sofa, dann stehe ich auf. Die Vierlinge rücken zu Seite und lassen mich durch.

Ich schlage die Autotür zu, drehe mit zitternden Händen den Schlüssel im Zündschloss und fahre um die Ecke. Zweihundert Meter weiter halte ich am Straßenrand, zünde mir eine Zigarette an und weine.

KAPITEL 10

Ich parke vor einem schäbigen Mehrfamilienhaus in Kreuzberg und checke kurz den mir zugeteilten Inkassovorgang auf meinem Notebook. Trude Altmann, geboren im Februar 1903. Heiliger Bimbam! Schulden einzutreiben bei jemandem, der über einhundert Jahre alt ist, das ist gleichermaßen aussichtslos wie geschmacklos. Ich drücke mich vor diesem Gespräch und versuche Zeit zu schinden, indem ich vorerst lediglich eine Benachrichtigungskarte in den Briefkasten einwerfe, ohne die Klingel zu betätigen. Wie ein Dieb schleiche ich durch die demolierte Eingangstür und werfe meine Rückrufbitte in den ordnungsgemäß beschrifteten Briefkasten. Mit etwas Glück meldet sich keiner und ich mogle mich mit drei Anfahrten und dem Negativergebnis *Mehrfach niemanden angetroffen* aus der Nummer. Oder Trude Altmann ruft an und die Angelegenheit lässt sich telefonisch klären, das wäre natürlich die günstigere Variante. Geld werde ich hier zu 99,9 Prozent nicht bekommen. Etwa eine Woche später, der Vorgang ist aus meinen Gedanken längst entrückt und schlummert irgendwo im Nirvana auf meinem Rechner, erhalte ich einen Anruf von einem offenbar sehr alten Herrn mit zittriger Stimme. Über achtzig Jahre sei er alt, vergesslich, krank. Und sehr mitfühlend angesichts seiner hoch verschuldeten Mutter Trude, meiner Schuldnerin. Er würde zahlen, wirklich sofort, beteuert er. In freudiger Erwartung auf die Provision schüttle ich in Gedanken bereits die Brieftasche.

Einige Tage später fahre ich zum vereinbarten Termin. Vierter Stock, kein Fahrstuhl, stattdessen auf jedem Treppenabsatz gestapelter Sperrmüll. Mir öffnet ein Greis mit Altherrenglatze, zitternd eine Gehhilfe vor sich her schiebend. Auf Tuchfühlung drängen wir uns durch seine vollgestopfte Wohnung, dann bietet er mir einen Platz auf seinem Bett an, auf dem schon ein feindselig kläffender Mops hockt. Ich setze mich mit spitzem Po. Herr Altmann sagt, er habe mich erst morgen erwartet. Ich habe sofort zweihundert Puls und frage unangemessen bissig: „Na, und was jetzt?" Herr Altmann fragt ängstlich: „Ich müsste bloß noch schnell zur Bank, geht das?" Versöhnlich gestimmt, nicke ich.

„Gut, um die Ecke ist ja eine. Gehen wir halt zusammen", meine ich. „Oh nein", sagt Herr Altmann schnell, „nicht zusammen, man kennt sie doch hier." „Auch gut", sage ich, „wir gehen gemeinsam runter und ich warte unten im Auto." Ich frage mich, ob die alte Mutter Trude tatsächlich auch in dieser kleinen Kammer wohnt. Sofern sie überhaupt noch irgendwo oberhalb der Grasnarbe hausen sollte. So lange Geld in Aussicht gestellt wird, stelle ich keine unangenehmen Fragen, warum auch.

Herr Altmann läuft gebeugt und vom Alter gezeichnet durch den Raum in eine Ecke und setzt sich auf einen Hocker, er muss noch seine Schuhe anziehen. Ein Griff unter den Schrank, und er hält sie in den Händen: Stiefel. Sie sind golden und glänzen im lichtleeren Raum. Sie haben ziemliche hohe Absätze, mindestens sieben Zentimeter und bereits beim Anziehen sehe ich, dass sie ihm bis über die Knie reichen. Eindeutig haben diese Schuhe ihre besten

Zeiten hinter sich, dennoch machen sie eine Menge her, ich bin richtig baff. Heilige Scheiße, dieser alte Mann hat sie wirklich nicht alle! Angestrengt starre ich aufs Notebook und tue so, als wäre nichts. Ist ja auch eigentlich nichts.

Er steht auf. Nahezu synchron springe ich hoch und klopfe mir Mopshaare vom Hintern. Ich frage: „Geht's los?" Wortlos geht er vorsichtig zu einem türlosen Schrank und greift hinein. Mir wird heiß. Das ist doch ganz schön gespenstisch, wer weiß, was der vorhat. Wenn der eine Knarre hat, bin ich verloren, auf meinem Fluchtweg steht sein Rollator. Dann hat er wie von Zauberhand eine Perücke in der Hand mit langen, blonden Haaren, unglaublich viele gelbe Haare, etwas verfilzt. Er stülpt sie gekonnt über seine Glatze und streicht sie notdürftig glatt. Unsere Blicke treffen sich, ich möchte verlegen wegsehen, aber ich kann nicht aufhören zu gaffen. Die Perücke hängt schief auf dem alten Schädel. Sekundenlang frage ich mich, ob ich in der Lage bin, dieses absurde Schauspiel zu ignorieren. Als Herr Altmann mich entschuldigend angrinst, sage ich: „Na dann los!"

Er hakt sich bei mir unter, während wir die Treppe runtergehen. Er riecht nicht gut, aber in Aussicht auf die angekündigten 290 Euro nehme ich einen tiefen Atemzug. Unten angekommen, setze ich mich ins Auto und schaue ihm lächelnd nach. Einige Minuten später klopft er an mein Autofenster, reicht mir mit krummen Fingern den vereinbarten Betrag abgezählt herein und streicht sich eine blonde Strähne aus dem Gesicht.

Ich freue mich. Trude Altmann lebt. Ob achtzig oder hundert Jahre alt, das ist gehupft wie gesprungen.

Auf dem Rückweg halte ich bei einer Bäckerei in Schöneberg, um mir eine mit Käse überbackene Brezel und einen Kaffee zu holen. Das gönne ich mir jetzt, diese Geschichte möchte ich bei einer kleinen Leckerei noch mal Revue passieren lassen. Vielleicht rufe ich Ingrid an und erzähle sie ihr, die wird platt sein.

Ich finde keinen richtigen Parkplatz, da ist nur eine Busspur direkt vor der Häuserreihe, in der sich der Bäcker befindet. Uneingeschränktes Halteverbot ab 14 Uhr, lese ich auf einem Schild. Das Cockpit meines Autos zeigt mir 13.56 Uhr an. Jetzt aber flott! Im Spurt lege ich die paar Schritte zum Bäcker zurück, gebe meine Bestellung auf und lege das Geld abgezählt auf den Geldteller, es läuft streifenfrei. Minuten später stolpere ich aus dem Laden und sehe sofort die herannahende Katastrophe. Ein Ordnungshüter in blauer Uniform steht an meinem Auto und tippt was in ein Gerät, das aussieht wie ein Funktelefon aus dem Museum für Völkerkunde. Allerhöchstens C-Netz.

„Moment!", rufe ich. „Da bin ich ja schon! Ist es schon 14 Uhr? Nee, ne? Ich war doch nur einen winzigen Augenblick weg!" Der Ordnungsmann sieht mich todernst an. „Nee, junge Frau, dit müssen Se jetze zahlen." Er hält mir ein Knöllchen vor die Nase. „Seien Se mal froh, dat dit Auto noch nicht abjeschleppt wurde!" Ich schaue auf das Zettelchen zwischen meinen Fingern, die gleichzeitig die Gebäcktüte halten.

„170 Euro? Wieso das denn? Ich war doch nur total kurz weg!", bettle ich ungläubig. Der Uniformierte nimmt seinen Job ernst und verzieht keine Miene. „Junge Frau, dit is ne Behinderung öffentlicher Verkehrsmittel! Sie müssen die Leerfahrt vom Abschleppdienst zahlen, den hab ick nämlich jetze schon anjerufen!", sagt er laut mit erhobenem Finger. Er zeigt damit abwechselnd auf mich, mein Auto und das Verbotsschild. „Was? Wann denn, das kann doch gar nicht sein, so schnell?", quengle ich.

Warum müssen Polizisten oder Leute vom Ordnungsamt sich eigentlich immer so unglaublich paukermäßig verhalten? Ich komme mir vor wie ein Viertklässler und fühle mich außerdem verarscht. Was spielt der sich denn hier so auf? Der tut so, als hätte er in letzter Sekunde ein Bombenattentat verhindert.

Ich reiße mich zusammen, um nicht ausfällig zu werden, und trete den Rückzug an. „Dann will ich mal schnell weg hier, damit ich auch blooooß niemanden mehr behindere", sage ich schnippisch und steige ins Auto. Grußlos schmeiße ich den Motor an und fahre los. Drei Straßen weiter stelle ich mich wütend auf einen Supermarktparkplatz, trinke lauwarmen Milchkaffee und beiße halbherzig in meine Brezel. Der Typ hat mir ganz schön die Laune verdorben. Am liebsten hätte ich ihm die Zunge rausgestreckt. Aber dann hätte er wahrscheinlich meine Mutter angerufen.

Ich muss an meine Zahnärztin denken, dort passiert immer etwas ganz Ähnliches. In der Praxis entwickle ich mich auch ungewollt zum Kleinkind, sobald ich kopfabwärts in dem Stuhl sitze und mir ein Scheinwerfer in den Schlund gehalten wird. Die Arzthelferinnen verwandeln sich in fürsorgliche Vormünder, tätscheln meine Hände, tupfen mir Spucke aus den Mundwinkeln und versichern mir unentwegt, wie tapfer ich bin. Gut gemeint, aber Geborgenheit geht anders.

Satte 170 Euro, keinen Cent weniger, das muss man erstmal verdauen. Das Udo-Lindenberg-Konzert im nächsten Monat kann ich dann wohl canceln.

KAPITEL 11

„Natürlich, Herr Professor Uhlig, wir müssen uns nicht bei Ihnen zu Hause treffen, ich komme gerne auch woanders hin. Schlagen Sie mal was vor!", rufe ich durchs Handy. Manche Schuldner möchten sich auf keinen Fall in den eigenen Wohnräumen zu einem Zahlungstermin verabreden. Meistens sind das Leute, die Angst haben, die Nachbarn oder der Lebenspartner könnten was mitbekommen. Manche Leute haben so viel Angst, dass die Angelegenheit auffliegt, die würden mir sicher mehr Geld als nötig geben, nur damit nichts durchsickert. Wenn's weiter nichts ist, Diskretion ist eine meiner leichtesten Übungen.

Wir sind ein reines Bar-Inkassounternehmen, also der komplette Zahlungsverkehr findet in bar statt. Überweisungsmöglichkeiten hat es im Vorfeld genug gegeben, wenn es so weit gekommen ist, dass ich vor der Tür stehe, zählt nur noch Bares. Das gibt oftmals nervige Diskussionen, aber es läuft halt nicht anders, ich habe mir das nicht ausgesucht. Wenn ich ehrlich bin, würde ich auch niemandem Bargeld in die Hand drücken, der mir am Gartenzaun eine zweitklassig laminierte Vollmacht unter die Nase hält. Um so erstaunlicher ist es, dass ich in guten Monaten bei ungefähr 10.000 Euro Bareinnahmen liege. Es gibt aber auch richtige Monatsflauten, dann läuft wochenlang fast nichts. Es dauert oft ewig, bis der Knoten platzt, man würde daran verzweifeln ohne die geduldige, telefonische Aufbauarbeit der Kollegen.

Herr Professor Uhlig sagt, es gebe in Steglitz in einem Einkaufszentrum ein kleines, ruhiges Café, in dem wir unser Geschäft in Ruhe erledigen können. „Hat ja schon ein bisschen was Kleinkriminelles, wenn da 900 Euro in bar über den Tisch gehen sollen", witzelt er.

„Jaha", lache ich zurück, „Sie glauben ja gar nicht, wo ich schon überall Quittungen geschrieben habe." Wir verabreden uns für den folgenden Donnerstag um elf Uhr. „Bitte seien Sie möglichst pünktlich, ich habe anschließend eine Vorlesung", meint er durchs Telefon. Wenn der wüsste, wie pünktlich ich sein kann, wenn es um Kohle geht, vor allem bei solchen Beträgen.

Ich plane meine Touren immer so, dass ich mindestens einmal pro Woche in einem Gebiet unterwegs bin, in dem sich ein Einkaufszentrum befindet. Die Einkaufzentren von Berlin kenne ich in- und auswendig, insbesondere die sanitären Anlagen. Manchmal denke ich, ich habe den geilsten Job der Welt. Natürlich sind solche Shoppingtouren während der Arbeitszeit nicht erlaubt, aber wie heißt es so schön? Wo kein Richter, da kein Henker. Außerdem glaube ich, den hohen Herrschaften ist das egal, so lange am Ende des Monats die Habenseite stimmt. Wer von einer guten Provision abhängig ist, macht sowieso keine stundenlang ausartenden Ausflüge während der Arbeitszeit.

An diesem Donnerstag stehe ich in freudiger Erwartung auf der Rolltreppe im Einkaufszentrum Steglitz, es ist kurz vor elf Uhr. Einen Uni-Professor hat man nicht alle Tage, ich bin gespannt, wie der so drauf ist. Bei solchen Verabredungen, bei denen man sich zuvor nie gesehen, sondern nur telefoniert hat, sage ich immer, ich sei die große blonde Dame mit dem schwarzen Koffer, man erkenne mich daran sofort. Die Schuldner müssen sich dann bemerkbar machen, fast immer erkenne ich sie aber auch so.

Ich weiß sofort, wer der Professor ist, als ich das Café betrete. Er sitzt ganz in der Ecke an einem Vierertisch, mustert mich über den Rand seiner Brille und hebt leicht die Hand als Zeichen. Ich balanciere mich und mein Gepäck durch das eng gestellte Mobiliar. „Hallo! Herr Professor Uhlig, nehme ich an?", frage ich lächelnd. „Richtig, nehmen Sie doch bitte Platz." Ich habe ihn mir wie Professor Hastig aus der Sesamstraße vorgestellt, aber er sieht ganz anders aus, älter und größer, ein langer, intellektueller Opa quasi.

Ich bestelle einen Espresso. So sehr stehe ich darauf nicht, aber es ist immer unangenehm, wenn bei Zahlungsterminen noch eine große Tasse heißer Kaffee vor einem steht, obwohl die Geschäfte längst erledigt sind. Was soll man dann noch reden, da haben doch beide Seiten keine Lust drauf.

„Und diese Vollstreckungssache ist dann wirklich erledigt, wenn ich Ihnen die 900 Euro gebe? Ich bekomme das ja wohl jetzt schriftlich, oder? Wenn man es genau nimmt, zahle ich dann noch immer zu viel, allein die Nebenkosten machen doch schon über die Hälfte der Forderung aus", beginnt der Professor das Gespräch. „Ganz so schlimm ist es nicht, Herr Uhlig, die Nebenkosten betragen etwa

340 Euro, die Gesamtschuld liegt bei genau 1310 Euro. Sie liegen mit der Zahlung noch deutlich unter der Hauptforderung", erwidere ich.

Ich reagiere empfindlich, wenn man in letzter Sekunde entgegen den Absprachen noch mit mir feilschen will. Die Regeln stelle ich auf und nicht der Schuldner, auch ein Herr Professor nicht. „Ich glaube, Sie machen da ein ganz gutes Geschäft", ergänze ich noch und fange an zu schreiben. Solche Typen sind manchmal pingelig, also schreibe ich mit meiner Sonntagsschrift, füge sogar unüblicherweise noch das Gerichtsaktenzeichen hinzu und formuliere den Erledigungsvermerk mit dem Restschulderlass.

„Und in der Schufa wird das jetzt sofort gelöscht?", fragt Herr Professor. „Ja natürlich, langfristig schon", erwidere ich ausweichend und lächle freundlich. Mir wird der Kragen etwas eng, manche Schuldner machen die sofortige Schufa-Löschung zur Zahlungsbedingung. Leider liegt das nicht in unserer persönlichen Macht, deshalb gibt es oft Ärger. Ein wenig Geduld sollte der Herr Professor also schon noch haben. Es ist bemerkenswert, dass die Schuldner sich manchmal jahrzehntelang nicht an einem Schufa-Eintrag stören, sie nehmen es zwangsläufig als gegeben hin. Sobald aber eine Zahlung erfolgt, hat es nicht einen weiteren Tag Zeit, dass der Eintrag gelöscht werden soll. Der Professor gibt sich aber zufrieden.

„So, dann hätten wir das." Ich schiebe das soeben gefertigte Dokument zur Tischmitte und lasse es ihn lesen. „In Ordnung", meint er, schaut über den Brillenrand hinweg zu mir, holt ein kleines Mäppchen und einen Stift aus der Innentasche seines Jacketts und fängt seinerseits an zu schreiben. Stirnrunzelnd versuche ich zu erkennen, was er dort schreibt und es trifft mich wie ein Schlag, als ich den Scheck erkenne. „Oh nein, Herr Professor!", entfährt es mir. „Da haben wir uns aber gründlich missverstanden! Ich nehme nur Bargeld an, das sagte ich Ihnen doch mehrfach am Telefon!" Er sieht mich verständnislos an. „Nun ja, es ist ja ein Barscheck, das ist ja dasselbe, das ist doch wie Bargeld." „Nee, tut mir leid", sage ich verzweifelt, „das geht nicht, Herr Uhlig, das darf ich nicht, da haben wir keine Chance!"

Das war es dann wohl, denke ich und schaue ihn dennoch erwartungsvoll an. Er ist am Zug. Irritiert lässt er den Stift sinken. „Na, dann muss ich zur Bank, die ist nur hundert Meter entfernt, haben Sie fünfzehn Minuten?" Er sieht mich fragend an. Für 900 Euro hätte ich fünfzehn Stunden, denke ich, schaue allerdings wichtigtuerisch auf meine Uhr und sage: „Ja, gut, das geht."

Mit beiden Händen schiebt der Professor seine Papiere zusammen, faltet sie mittig und steckt sie wieder in seine Innentasche. „Ich beeile mich", sagt er, während er aufsteht.

Was für ein Glück, denke ich, das wäre ja fast in die Hose gegangen. Hoffentlich kommt der auch wieder. Hätte ich mal doch einen Cappuccino bestellt. Ich sehe aus dem Fenster, beobachte ein paar Einkaufswütige und lasse meinen Blick wieder zum Tisch schweifen.

Plötzlich trifft mich der Schlag. Wie ein Paukenschlag zieht sich mein Magen zusammen, das Blut schießt mir in den Kopf, wie gelähmt starre ich auf den Abrissblock meiner Quittungen beziehungsweise Erledigungsmitteilungen. Obenauf liegt die Durchschrift des eben geschriebenen Dokuments. Das Original fehlt, der Professor hat es mit seinen Papieren zusammengeschoben und mitgenommen. Panisch fahre ich herum. Nein, nein, nein! Das darf nicht sein! Der Schuldner läuft mit einer Quittung über 900 Euro über die Schloßstraße und hat nicht einen Cent bezahlt! Ich bin wie betäubt und innerhalb von Sekunden klatschnass geschwitzt. Die darauffolgenden zwanzig Minuten werden die längsten in meinem Leben. Ich rutsche auf dem Stuhl hin und her und werde fast wahnsinnig vor Angst, dass er nicht mehr auftaucht.

Ich arbeite gerade gedanklich durch, wie ich diese Misere meinem Chef beichten könnte, es gibt für so etwas einfach keine Entschuldigung. Ich sehe mich bereits zu Kreuze kriechen in Erwartung einer dicken Rüge. Doch da entdecke ich den Professor von Weitem auf der Rolltreppe. Wie Phönix aus der Asche sehe ich zuerst den Kopf, den langen Rumpf und dann die schlaksigen Beine auftauchen. Er winkt mir zu. Der Leibhaftige hätte mir in diesem Augenblick nicht lieber sein können. Ich möchte einen Sprung machen, ihn anhüpfen vor Freude, Lady Bump mit ihm tanzen! Ich beherrsche mich. Ruhe vortäuschend, winke ich gelassen zurück, sehe meine nassen Handabdrücke auf dem Tisch vor mir. Minuten später habe ich das Geld im Sack und laufe gemeinsam mit Professor Uhlig zur Tiefgarage. „Tschüss!" „Ja, tschüss!"

Wahrscheinlich bin ich um mindestens sechs Jahre gealtert.

„Beglichene Forderungen mit einer Gesamtsumme von weniger als eintausend Euro werden nach einem Monat bei der Schufa ausgetragen, positive Erledigungen von höherer Summe allerdings erst drei Jahre später. [...]"[4]

Was sind positive und was sind negative gespeicherte Informationen?

„Als positive Informationen gelten Angaben zu vertragsgemäßem Verhalten, also z. B. Girokonten, Kreditkarten, Mobilfunkverträge mit Laufzeit, Leasingverträge, Kredite oder Versandhandelskonten. Dies alles sind Hinweise darauf, dass Unternehmen dieser Person Vertrauen schenken. Ein durch die Bank gekündigter Kredit, Zahlungsausfälle oder Informationen aus öffentlichen Schuldnerverzeichnissen hingegen sind Hinweise für nicht vertragsgemäßes Verhalten."[5]

---

[4] Zit. nach Wallstreet: online: Welche Folgen hat ein negativer Schufaeintrag wirklich?
www.wallstreet-online.de/ratgeber/finanzen-steuern-versicherung/schulden/welche-folgen-hat-ein-negativer-schufaeintrag-wirklich, Seitenaufruf am 21.08.2014
[5] Zit. nach Schufa online: Häufige Fragen (FAQ), Punkt 2.4: Was sind positive und was sind negative gespeicherte Informationen?
www.schufa.de/de/private/wissenswertes/faq/faq.jsp
Seitenaufruf am 21.08.2014

KAPITEL 12

„Hallo junge Frau! Ihr Butterring!" Mit offenem Mund nehme ich die Gebäcktüte entgegen, die man mir über den Tresen reicht. Es ist kurz nach sieben, ich stiere gebannt zur Ladentür, durch die gerade mein Lieblingstatortkommissar das Geschäft verlässt. Er hat einen Scheitel am Hinterkopf und ganz verquollene Augen, vermutlich Überbleibsel der letzten Nacht. Jetzt sehe ich durch die Fensterscheibe, wie er gemütlich über die Straße schlendert. Eben noch im Leichenschauhaus und jetzt beim Bäcker. „Der wohnt hier um die Ecke", sagt der Gebäckverkäufer erklärend, als er mein neugieriges Gesicht sieht. „Coooool!", sage ich perplex, „das ist ja echt mal genial." Ich lege 3 Euro neben die Kasse und bewege mich Richtung Ausgang. „Stimmt so!"

Ich setze mich kauend ins Auto und rufe meine Schwester an: „Jetzt stell dir das mal vor!"

Dann mache ich mich auf den Weg nach Frankfurt/Oder, ich habe eine Ladung vom dortigen Landgericht erhalten und muss dort als Zeugin zu einem Gerichtstermin erscheinen, um zehn Uhr. Rolf, einer meiner Kollegen, begleitet mich. Wir treffen uns bei einem Baumarkt am Stadtrand. Dort parke ich mein Auto und steige um in Rolfs Opel, er hat mich bereits erwartet. „Hey, na?", begrüße ich ihn. „Na du?" Wir drücken uns kurz und rollen vom Parkplatz.

Ein Typ, dessen Fahrzeug ich vor einigen Wochen sichergestellt habe, hat uns angezeigt, unser Inkassounternehmen wurde verklagt. Mehr weiß ich zu diesem Zeitpunkt eigentlich auch gar nicht, ich habe nicht die geringste Ahnung, was auf mich zukommt. Mir geht die Muffe, ich bin froh über Rolfs Begleitung. „Hast du eine Idee, was uns da erwartet?", frage ich. „Keinen blassen Schimmer", meint er und bietet mir einen Kaugummi an.

Auf dem Weg nach Frankfurt gehe ich in Gedanken immer wieder den Tag der Sicherstellung durch. Rolf hatte mich an diesem Tag bei der Beschlagnahmung unterstützt, weil unser Auftraggeber bereits im Vorfeld berichtete, es würde sich um einen schwierigen Typen handeln. Ich erinnere mich an fast alle Details zu diesem Vorfall, an den Fahrzeugtyp, den Zustand des Autos und daran, dass die Sicherstellung auf dem Gelände eines großen Autohauses stattfand. Dort habe ich schlussendlich noch Kopien des Übergabeprotokolls gemacht und mit den Autoverkäufern geplaudert. Der Schuldner trug einen weißen Jogginganzug aus so einer Art Ballonseide, das weiß ich noch ganz genau, völlig abgefahren fand ich das.

Ich erinnere mich auch noch an mein Gespräch mit dem Schuldner, da war nichts Auffälliges, keine Ungereimtheiten. Rolf versichert mir zwischen zwei Kaugummiblasen, dass damals alles richtig gelaufen ist, ich habe mir nichts vorzuwerfen. „Du wirst denen schon was erzählen, da hab ich keine Bedenken! Wenn jemand quatschen kann, dann ja wohl du!", ermutigt er mich. „Wenn das mal hilft", sage ich. „Aber wenn ich ins Gefängnis muss, bringst du mir einen Kuchen mit einer eingebackenen Feile!" Eigentlich ist mir gar nicht zum Flachsen zumute.

Als wir in Frankfurt ankommen, ist noch etwas Zeit. Wir kehren kurz auf eine Kaffeelänge bei McDonald's ein. Es ist kalt, es regnet und ich bin schlecht drauf. Warum verklagt mich denn jemand? Ich verstehe das nicht, meine Furcht vor diesem Termin steigt. Ich frage mich, ob man heutzutage im Gerichtssaal noch diese Perücken trägt, mit denen man aussieht wie Mozart. Ich stelle mir einen alten Richter im langen schwarzen Mantel und mit einem Hammer in der Hand vor, der schimpfend und Speichel spuckend auf einen rustikalen Eichentisch schlägt. Um seinen Tisch herum steigt Rauch auf wie aus einer Nebelmaschine.

„Los, komm, lass uns mal ein bisschen eher hingehen", sage ich zu Rolf und zerquetsche meinen leeren Kaffeebecher in der Hand. Rolf schiebt sich sein letztes Chicken-Nugget in den Mund und steht auf.

Die Sicherheitskontrolle erinnert mich an einen Flughafen. Wir müssen uns mehrfach ausweisen, unsere Taschen werden durchleuchtet, ich werde von einer grimmig aussehenden grauhaarigen Frau mit Dauerwelle penibel abgetastet. Sie trägt eine Uniform, stolz klemmt sie einen Daumen zwischen Gürtel und Rumpf, mit zwei seitlichen Zöpfen würde sie als Obelix durchgehen. „In Ordnung, Sie können durchgehen", ertönt es streng. Das Gebäude ist riesig, ich muss an diese Zauberschule bei Harry Potter denken. Vor dem Saal, in dem unser Verfahren stattfindet, begrüßt uns der Rechtsanwalt des Gläubigers zu meiner Vertretung. Soso, uns wird also hier ein Anwalt zur Seite gestellt. Ich bin erneut überrascht, wie unvorbereitet man mich hierher geschickt hat.

„Warten Sie einfach hier, Sie werden dann irgendwann reingerufen", sagt der Advokat freundlich. „Machen Sie sich keine Sorgen, das wird nicht so schlimm." Er weist mich noch nachdrücklich darauf hin, dass ich in der Wartezeit mit dem Kläger nicht über das Verfahren reden darf, dann verschwindet er im Gerichtssaal.

„Soll das alles sein?", meckere ich Rolf an. „Wir sprechen uns nicht ab? Ich weiß doch gar nicht, was hier überhaupt los ist, da muss man doch irgendwie mal was planen!"

„Der wird schon wissen, was er tut, du hast doch gehört, das wird nicht schlimm", versucht Rolf mich zu beruhigen. Ganz wohl scheint ihm aber auch nicht zu sein.

Ein paar Minuten später erscheint der Kläger auf dem Korridor, die Haare mit Pomade zu einer Tolle geformt, er trägt ein offenes, weißes Jackett. Er stolziert siegesgewiss mit klappernden Absätzen durch den Gang wie ein abgewetzter Elvis, seine Haut ist sonnenstudiogebräunt. Er hat seinen Anwalt im Schlepptau, wirft uns ein mittelfreundliches Hallo zu und flaniert direkt in den Gerichtssaal, ohne anzuklopfen. Das würde ich mich niemals trauen.

Wir warten schon fast vierzig Minuten, da geht endlich die Tür auf, der Kläger kommt heraus und fingert eine Zigarettenschachtel aus seiner Tasche. Er ist leicht gerötet, macht aber einen zufriedenen Eindruck. Ein unbekannter Beamter bittet mich herein. Der Raum ist ziemlich klein und ähnelt tatsächlich einem Klassenraum. Vorne am Pult sitzen sechs Personen, das wird der Richter sein mit den Anwälten und irgendwelchen Schöffen, vielleicht noch eine Stenotypistin. Sie beobachten mich neugierig und nicken mir zur Begrüßung zu, während ich zu dem mir zugewiesenen Tisch gehe. Außer uns ist niemand da, aber womit hab ich auch gerechnet. Zum Glück ist dieses Verfahren für Gerichtsreporter und Schaulustige zu banal.

Ich sitze noch nicht mal richtig, da werden schon im Affenzahn meine Personalien abgefragt. Ich finde die Situation befremdlich, mir fehlen Begrüßungsworte wie „Na, gut hergefunden?" oder „Schön, dass Sie sich die Zeit genommen haben." So etwas in der Art hätte da ruhig kommen können, ich habe schließlich nicht darum gebeten, hier zu sitzen. Entweder diese Gerichtsmenschen sind schlichtweg unhöflich oder denen stinkt die Angelegenheit noch mehr als mir.

Dann werde ich mit konkreten Fragen zum Ablauf der Sicherstellung gelöchert. Meine Angst ist wie weggeblasen, ich beantworte jede Frage souverän, ich bin in meinem Element. Selbst als man mir vorwirft, ich sei möglicherweise sowohl am Tag der Sicherstellung als auch in vorangegangenen Telefonaten unfreundlich, sogar frech und laut gewesen, bleibe ich ruhig und versichere selbstbewusst, dass es an dem Tag nicht die geringste Veranlassung zur Unfreundlichkeit gab. Selbst wenn es einen solchen Anlass gibt, behandle ich meine Gesprächspartner grundsätzlich respektvoll. So weit die Wahrheit. Ich setze noch einen drauf und beteuere, Niveaulosigkeit sei nicht mein Umgangsstil. Das ist vielleicht ein bisschen dick aufgetragen, aber was wissen die schon von meinem Alltag. Die scheinen mir das emotionslos abzukaufen.

Dann lassen sie die Katze aus dem Sack. Der Klägeranwalt behauptet, sein Mandant habe mir 9000 Euro zwecks Auslösung des Fahrzeugs geben wollen, das Geld sogar in den Händen gehalten und mir gezeigt, aber ich hätte mich geweigert, es anzunehmen.

Jetzt bin ich platt, mir fehlen die Worte. Eigentlich ist dieser Klagegrund in meinen Augen trivial, aber die Tatsache, dass Elvis denen knallhart eine Lüge auftischt und damit sogar vor Gericht zieht, erstaunt mich wirklich. Ich bin entsetzt und teile das der Lehrergemeinschaft mit. In der Geschichte steckt nicht ein Fünkchen Wahrheit.

Dann wird es unangenehm, der gegnerische Anwalt stellt mir immer wieder die gleichen Fragen. Ich beantworte jede Frage geduldig und fange an mich zu ärgern. „Frau Böker, ich frage Sie jetzt noch mal: Sind Sie sich sicher, dass der Kläger Ihnen kein Geld angeboten hat oder erinnern Sie sich vielleicht nicht mehr richtig?", fragt mich der Anwalt zum dritten Mal. Ich erwidere genervt: „Entschuldigen Sie bitte, was genau erwarten Sie von mir? Möchten Sie mich jetzt so lange fragen, bis ich lüge? Was glauben Sie, was für mich zur Auftragserledigung leichter und unkomplizierter ist: 9000 Euro zu quittieren oder ein Fahrzeug sicherzustellen und ein Gutachten zu erstellen, um es anschließend auf mühseligem Weg dem Gläubiger am anderen Ende der Republik zukommen zu lassen?" Was der Richter aber nicht wissen muss, ist die Tatsache, dass es kaum eine

Motorhaube gibt, die ich ohne Hilfe öffnen kann. In den meisten Fällen finde ich noch nicht einmal die Fahrgestellnummer, um sie mit meinen Unterlagen zu vergleichen! Bei jeder einzelnen Sicherstellung laufe ich Gefahr, als Ahnungslose enttarnt zu werden und ohne Maske dazustehen! Unter solchen Umständen bin ich doch nicht so bescheuert und lehne eine Auslösung des Fahrzeugs ab, die einem warmen Regen gleichkommt! Das alles sage ich aber besser nicht, ich erwähne nur noch, dass während des Sicherstellungsprozesses ein Verkäufer des Autohauses anwesend war, der müsse doch das Geld auch gesehen haben. Genauso wie mein Kollege Rolf! Hat jemand außer dem Kläger dieses Geld etwa gesehen? Ich möchte am liebsten mit der Faust auf den Tisch hauen, um meine Glaubwürdigkeit zu unterstreichen. Der Anwalt sieht mich verbittert an, so ein Arschloch. Er hat aber keine Fragen mehr und ich bin entlassen. Bis zum Ende der Verhandlung soll ich jedoch vor der Tür warten.

Im Flur steht Rolf mit dem Kläger, sie unterhalten sich wie alte Kumpels, die sich Witze erzählen. Sie steuern sofort auf mich zu und veranstalten Small Talk vom Feinsten, besonders Elvis tut, als wenn nichts wäre. Ich versuche mir nicht anmerken zu lassen, wie abstoßend ich diese Konversation finde, lasse die beiden links liegen und setze mich schweigend auf die Wartebank. Rolf lässt Elvis sofort stehen und gesellt sich zu mir. Nach etwa zehn Minuten wird der Kläger noch mal reingerufen, Rolf und ich lästern derweil hinter verschlossenen Türen über ihn. Rolf meint, Elvis habe unaufhörlich mit seinem angeblich unerschöpflichen Vermögen geprahlt, vier

Autos, eine Finca auf Mallorca und ein Boot auf dem Müggelsee. So ein Heini, uns macht der nun wirklich nichts vor.

Fünf Minuten später sitzen wir wieder im Auto Richtung Berlin.

Bis auf die Erstattung meiner Reisekosten habe ich vom Gericht nie wieder etwas gehört, auch nicht vom Kläger. Wochen später hakte ich bei meiner Disposition und bei meinem Chef nach, aber selbst dort wusste man nicht, wer aus dieser Sache als Gewinner hervorgegangen ist. Dieses Geheimnis nehmen vermutlich der Gläubiger und der Kläger mit ins Grab. Dennoch wüsste ich bis heute gerne, wie das Urteil lautete.

KAPITEL 13

Auf der Hermannbrücke in Neukölln setze ich gegen 14 Uhr Matze, einen neuen Kollegen, ab. Er ist drei Tage bei mir zum Schnuppern mitgefahren. Learning best practice, wie das bei uns heißt. Wir tauschen an der Straßenbahnhaltestelle eilig noch Handynummern aus, dann rennt er in Richtung U-Bahn. „Viel Glück!", rufe ich ihm noch nach und meine es ernst. Wenn ich aus irgendeinem Grund diesen Job nicht mehr machen kann, will ich aus schöneren Anlässen bei Menschen klingeln, vielleicht Lottogewinne überbringen. Da gab es doch in den Achtzigern mal eine Fernsehserie aus den USA mit zwei solchen Glücksboten. Ein Banker und ein Finanzbeamter sind da umhergefahren und haben Lotteriegewinne überbracht. Das war ja echt mal super.

Außerdem möchte ich nie wieder auf Provision arbeiten müssen, das stresst ganz schön. Wenn man wie ich gleich von Anfang an recht erfolgreich ist und das im Unternehmen kommuniziert wird, setzt einen das massiv unter Druck. Ich hab mich immer wie ein Loser gefühlt, wenn es mal einen Monat schlechter lief, obwohl ich noch immer über dem Durchschnitt lag.

Im ersten Jahr sagte ich stets zu meiner Familie und zu meinen Freunden: So was kann man nicht ewig machen, höchstens ein Jahr, dann muss man das Erlebte erstmal verarbeiten. Außerdem ist es eine Frage der Zeit, bis man ein Messer im Rücken hat.

Aber aus einem Jahr wurden zwei, dann drei ...
Man weiß ja, wie das so ist.

Matze ein paar Tage als Begleiter bei mir zu haben, war eine erfreuliche Abwechslung. Es ist grundsätzlich nett, wenn ich mal einen Mitfahrer habe, obwohl ich der Ansicht bin, es wirkt auf die Schuldner eher bedrohlich und einschüchternd. Meine Begleiter sind stets verblüfft und erschrocken darüber, was sich an so einem Tag als Schuldeneintreiber vor unseren Augen abspielt. Viele Interessenten sind nach diesen Schnupperfahrten wieder raus aus der Nummer und lassen nichts mehr von sich hören. Es wird mir nach der Fahrt mit Matze wieder bewusst, wie speziell und außergewöhnlich unsere Arbeit eigentlich ist und was für schlimme Zustände man in deutschen Wohnungen sieht. Vergesst die ganzen Aufdeckungsdokumentationen der privaten Fernsehsender! Was wirklich passiert hinter deutschen Türen, das zeigt keiner. Dann wäre vielleicht was los.

Ich habe mich sehr daran gewöhnt, allein auf den Straßen Berlins unterwegs zu sein. Ich muss nie Rücksicht nehmen auf die Gewohnheiten anderer, esse und gehe aufs Klo, wann ich es will, ich kleide mich, wie ich will, arbeite, wo und wann ich will. Schwer vorstellbar, wieder in einem Büro zu sitzen und sich in ein Team einzufügen, das unabänderliche Regeln befolgt.

Mein Auto rollt auf die Einfahrt eines kleinen Einfamilienhauses zu. Hier kann ich kurz stehen bleiben, denke ich und steige samt Koffer und Notebook aus. Ich will zu Herrn Schmitt, Baujahr 1954,

Forderung aus dem Jahr 1999, letzte Abgabe einer eidesstattlichen Versicherung 2006. Ein blöder Geburtsjahrgang, bei Männern über fünfzig gibt es unerklärlicherweise oft Schwierigkeiten. Sture, unbelehrbare Böcke sind das.

Der Garten hier ist etwas ungepflegt, aber nicht verwahrlost. Ich drücke den weißen Klingelknopf am Gartentor. Meistens drücke ich Klingelknöpfe mit dem Kugelschreiber, weil sie so wüst aussehen, entweder angekokelt oder verschmiert oder mit Kaugummi verklebt. In diesem Fall geht es aber ohne Kuli, insgesamt macht das Grundstück einen eher vielversprechenden Eindruck.

Auf dem Gelände rührt sich nichts. Ich werfe einen Blick auf das Haus und sehe, dass zwei Fenster weit geöffnet sind, Gardinen wehen im Wind. Da ist doch jemand da! Ich klingle ein zweites und ein drittes Mal. Nichts. Das Gartentor lässt sich von innen mit einem Knauf öffnen, als ich mich auf die Zehenspitzen stelle und den Arm ausstrecke, bekomme ich ihn zu packen. Ich drehe daran und laufe dann über den gepflasterten Weg zum Haus. „Hallo?", rufe ich. „Haaalloo!" Vielleicht ist die Klingel am Gartentor kaputt, an der Haustür ist sicher noch eine zweite, die ich ausprobieren möchte. Schließlich ist allem Anschein nach jemand zu Hause. Der Weg führt um das Haus herum, ich befinde mich gerade auf der Stirnseite, als die Haustür auffliegt. „Los!!!", ertönt ein leiser Ruf. Auf dieses Kommando rennen, was sage ich, fliegen zwei Dobermänner mit enormem Gebell förmlich auf mich zu. Bruchteile von Sekunden erstarre ich zur Salzsäule, dann wirble ich reflexartig herum und renne, wie ich noch nie gerannt bin. Die schätzungsweise fünfzig Meter zum Gartentor werden endlos, es fühlt sich an, als hätte ich Klebstoff unter den Schuhsohlen. Ich bin zudem viel zu unbeweglich wegen dem schweren Zeug, das ich schleppe, aber ich vergesse alles um mich herum und renne, so schnell ich kann. Einen Meter vor dem Gartentor schmeiße ich Koffer und Laptop über den Zaun, reiße das Tor auf und zwänge mich hindurch, die Hunde um Haaresbreite hinter mir. Mit dem Fuß drücke ich gegen das Tor, damit das Schloss einrastet, Tränen laufen mir in Strömen über die Wangen. Die Hunde haben schwarzes, glänzendes Fell und einen enorm breiten Brustkorb. Sie haben diese angespitzten Ohren, nicht die hängenden Schlappohren, wie der Herrgott sie schuf. Dieser Anblick macht sie noch bedrohlicher, vermutlich ist das auch die Absicht des Besitzers. Aggressiv fletschen sie die Zähne und versuchen, meinen Fuß zu packen. Ohne Rücksicht auf Verluste drücken sie gegen das Tor. Endlich bringe ich das Schloss zum Einrasten. Meine Sachen liegen im Dreck, ich stoße sie weiter vom Zaun weg und hebe sie zitternd auf. Dann laufe zum Auto, meine Beine sacken vor Erschöpfung und Angst mehrfach weg. Von einer menschlichen Person ist auf dem Grundstück noch immer nichts zu sehen.

An der Straßenecke ist ein kleiner Kiosk, ich kaufe mir eine Schachtel Zigaretten und brauche fünf Kippen, bis sich mein Kreislauf beruhigt hat und meine Tränen versiegt sind.

Bevor ich unmittelbar vor der Haustür des Schuldners stand, war nicht ein einziger Laut zu hören gewesen. Mir wird erst viel später klar, dass man mich beobachtet haben muss und die Vierbeiner vorsätzlich auf mich gehetzt wurden, als ich unbefugt das fremde Grundstück betrat und damit Hausfriedensbruch beging.

Nie wieder begebe ich mich nach diesem Erlebnis unaufgefordert auf ein fremdes Anwesen, weder beruflich noch privat. Dem Schuldner ist mein Besuch im Übrigen dauerhaft erspart geblieben.

Hausfriedensbruch (§ 123 StGB)

„Wer in die Wohnung, in die Geschäftsräume oder in das befriedete Besitztum eines anderen oder in abgeschlossene Räume, welche zum öffentlichen Dienst oder Verkehr bestimmt sind, widerrechtlich eindringt, oder wer, wenn er ohne Befugnis darin verweilt, auf die Aufforderung des Berechtigten sich nicht entfernt, wird mit Freiheitsstrafe bis zu einem Jahr oder mit Geldstrafe bestraft."[6]

---

[6] Zit. nach dem Strafgesetzbuch (StGB), Siebenter Abschnitt: Straftaten gegen die öffentliche Ordnung. §123 Hausfriedensbruch
www.gesetze-im-internet.de/stgb/__123.html
Seitenaufruf am 29.08.2014

KAPITEL 14

Auf mein energisches Klopfen hin öffnet mir eine Frau mittleren Alters die Wohnungstür. Das in die Jahre gekommene Treppenhaus ist relativ gepflegt, die Gartenanlage ebenso, ich erwarte nichts Desolates. „Frau Himmer? Ich suche Frau Mini Himmer", plaudere ich los, erhebe den Blick vom Laptop und blicke meinem Gegenüber in die Augen. Besser gesagt in ein Auge. Eins von beiden ist nämlich annähernd zugeschwollen und blau unterlaufen. „Du liebe Güte, ist alles okay bei Ihnen? Was ist denn mit Ihnen passiert?"

„Gefallen", sagt sie. Gefallen, denke ich, ist klar. Die Nachbartür öffnet sich, durch einen Spalt sehe ich neugierige Blicke einer älteren Dame. Frau Himmer macht verängstigt einen Schritt zurück und bittet mich hinein. Sie läuft vor mir ins Wohnzimmer und bietet mir einen Platz auf einer Couch an, aus deren Armlehne Schaumstoff aus einem handgroßen Loch quillt. Der Fußboden besteht aus purem Estrichbeton, an einigen Stellen sind noch Reste einstiger Dielenböden zu sehen. Ein Laufstall steht in der Ecke, darin liegen ein Säugling und eine Katze, zwei weitere Kinder mit schleimig-grünen Rotznasen rennen sofort keifend auf mich zu und tatschen mit Spuckehänden auf mein Touchscreen. „Das dürft ihr nicht, lasst das mal sein, nicht anfassen!", sage ich scharf. Immer das Gleiche, die Mutter sagt nichts. „Frau Himmer, sind Sie Mini Himmer?", frage ich sie. „Es geht um Schulden aus dem Jahr 2013, mir liegt ein Vollstreckungsbescheid gegen Sie vor." Das Auge sieht entsetzlich aus, sie muss große Schmerzen haben. „Wenn Sie Hilfe brauchen, wissen Sie, an wen Sie sich wenden können?"

Sie ignoriert meine Frage und steht auf, hebt die Katze aus dem Laufstall und sagt: „Dit is Mini Himmer." Ich muss lachen. „Machen Sie Witze?" „Nee. Dat wird nich dit letzte Mal sein, dat Se zu uns kommen, glauben Se mir ditte. Meen Mann macht Verträje im Namen der janzen Familie, ooch auf die Namen der Kinder, und jetzt sogar uff de Mieze. Wir sind Jobcenter und haben so viele Schulden, dat wir nirjends mehr Verträje machen können." Zunächst kommt sie mir extrem gleichgültig vor, doch dann fängt sie schlagartig an zu weinen. Ich kann die Schmerzen am Auge quasi mitfühlen.

„Ist ihr Mann denn jetzt da?", frage ich. Ein Vollstreckungsbescheid auf den Namen einer Katze, jetzt hört der Spaß aber auf. Mini hingegen rekelt sich im Laufstall und zeigt sich zu Recht desinteressiert.

„Nee, der kommt erst spät nach Hause." Frau Himmer erzählt, dass das Geld vom Amt nicht reicht, weil es ständig wegen irgendwas gekürzt wird, außerdem würden ja beide rauchen. „Da wird nicht einfach Geld gekürzt, dafür gibt es einen Grund!", erwidere ich genervt. Ich will mich auf eine solche Unterhaltung nicht einlassen, ich merke sofort, dass hier nichts zu holen ist, für mich bedeutet das schnellstmöglichen Rückzug, alles andere ist Zeitverschwendung. Aus purer Höflichkeit und wegen des demolierten Auges bleibe ich kurz sitzen und höre noch eine Weile zu. Als sie mir erzählt, dass die Familie ihre Dielenböden im Ofen verbrennt, um zu heizen, weil es nicht anders geht, bin ich doch etwas betroffen und lasse mitleidig den Blick über den Boden schweifen. „Haben Sie denn in letzter Zeit mal eine eidesstattliche Versicherung abgegeben?", frage ich. „Nee, ick hab alle Versicherungen jekündigt."

Ich verkneife mir ein Grinsen und formuliere die Frage anders. „Nein, ich meine einen Offenbarungseid! Haben Sie den mal abgegeben?" Sie guckt mich verständnislos an. Also ein letzter Versuch, der klappt immer: „Wann haben Sie das letzte Mal Ihre Finger gehoben?"

„Ach so, nee, dit is lange her", sagt sie nachdenklich. Ich schreibe meine Telefonnummer auf eine rote Benachrichtigungskarte und schaue ihr ins Auge. „Richten Sie Ihrem Mann aus, er soll mich anrufen, und zwar bis morgen Abend, 18 Uhr." „Dit macht der eh nich!" Frau Himmer sieht mich entschuldigend an. „Dann sagen Sie ihm, wir werden in Sachen Betrug ermitteln müssen, das wird nicht witzig, dafür kann man in den Bau gehen. Vielleicht will er ja doch lieber eine andere Lösung finden." Sie nickt wenig überzeugt. „Und lassen Sie sich nicht weiter verhauen, das ist mein Ernst!", füge ich noch hinzu und gehe zur Tür. Ihr Gesichtsausdruck ist versteinert. „Tschüss dann!"

Zwei Häuser weiter habe ich einen anderen Auftrag, den will ich noch schnell erledigen, dann ist Feierabend. Ich habe einen Friseurtermin, und anschließend hat Carsten mir ein Abendessen in einem unserer Lieblingsrestaurants in Friedrichshain in Aussicht gestellt. Das müssen wir unbedingt zur Cocktail-Happy-Hour schaffen, deshalb will ich ihn Punkt halb sechs von der Arbeit abholen. Ich werde den Salat des Hauses bestellen, den kenne ich schon, der ist eine Wucht. Eine große Familienschüssel mit viel Grünzeug, aber jetzt kommt's: Auf dem Blattgrün liegen Hähnchenbruststreifen, gebackener Camembert Schafskäse, Mozzarellasticks, gebratene Pilze und was weiß ich nicht alles. Ich habe nicht die Wahl, ich habe einfach alles. Und Brot dazu, so viel man will. Das nenne ich mal einen reichhaltigen Salat. Das Ganze für 11 Euro, da kann man nicht meckern. Dazu gibt's zwei bis drei Caipirinhas, und der Tag gehört mir. Das Auge von heute Mittag ist bis dahin Geschichte.

Aber vor dem Gourmetabend erst mal noch schnell zu Herrn Bucke, hoffentlich ist er nicht da, dann werfe ich nur schnell eine Karte in den Briefkasten. Ich lasse das Auto kurz vorm Haus der Augenfrau stehen, sind ja nur zwei Häuserblocks. Vierter Stock, kein Aufzug. Ich überlege kurz, ob ich umkehre und das ein anderes Mal erledige, überwinde mich dann aber doch und drücke den Klingelknopf. Der Türsummer geht, ich stoße gegen das Holz und laufe zügig durch den Flur. In der dritten Etage halte ich kurz inne, um Luft zu holen, damit ich im vierten Stock wieder sprechen kann. Drei Wohnungen gibt es auf der vierten Etage insgesamt, rechts und links stehen unbekannte Namen, in der Mitte gar nichts. Dort klopfe ich kräftig. Keine Reaktion. Wenn jetzt doch nicht geöffnet wird, hänge ich meine Karte halt mit Tesafilm an die Tür und verschwinde auf leisen

Sohlen. Ich hocke mich hin und fange an zu schreiben.

Plötzlich geht die Tür auf, ein erbärmlicher Gestank lässt mich fast hintenüber kippen, es trifft mich wie ein Schlag. Vor meinen Augen entfaltet sich ein skurriles Bild und ich glaube, ich bin im falschen Film. Ein Mann um die siebzig steht nackt vor mir, das einzige Kleidungsstück ist eine Windel, die ausgeleiert bis in die Kniekehlen hängt. Seine Haare stehen in alle Richtungen zu Berge, die Haut des Mannes hängt altersbedingt schlaff am Körper. Aber das Schlimmste ist der Gestank. Ich rapple mich vom Boden auf und will mich vorstellen, da brüllt er bereits wirres Zeug in den Flur. Ich verstehe rein gar nichts. Ich komme nicht mehr zu Wort, der Typ ist offensichtlich völlig verwirrt, er schreit zusammenhanglos herum. Ich setze mehrfach lautstark an, um ihm eine Erklärung für mein Kommen zu geben, aber der Greis beachtet meine Erläuterungen gar nicht und hört nicht auf zu blöken. Ich weiß mir nicht mehr zu helfen, ich will einfach nur verschwinden. Aus heiterem Himmel verstummt der Alte, gerät in eine Art Starre und sieht mich an wie ein Untoter. Kurzzeitig habe ich die Befürchtung, er würde einfach nach hinten umkippen. Dann mustert er mich von oben bis unten. Gebannt glotze ich ihn an und versuche zu lächeln. Der Mann greift einen Zipfel seiner rutschenden Windel und zieht sich das Teil ruckartig zwischen die Backen. Er wirft noch einen Blick über die Schulter und knallt die Tür hinter sich zu.

Beim Abstieg nehme ich zwei Stufen auf einmal. Was war das denn jetzt? Irgendwie bedrückend, dieses Schauspiel. Asche über meine Mütze, ich muss jetzt trotzdem lachen. Ab unter die Dusche, zum Friseur und schnell zum Festschmaus.

KAPITEL 15

Als ich von meiner Disposition angerufen werde, ob ich ein paar Tage in Marzahn-Hellersdorf und der ganzen Kante im Osten von Berlin aushelfen kann, sage ich spontan zu und reibe mir die Hände. Mein eigenes Gebiet ist inzwischen ziemlich ausgelutscht, ich kann viele Aufträge zu Hause bereits vom Schreibtisch aus abschießen, weil mir die meisten Schuldner schon aus der Vergangenheit bekannt sind und ich deren Vermögensverhältnisse kenne. Bei temporären Einsätzen in Fremdgebieten springt immer so mancher Taler heraus.

Der Schnee fällt in dicken Flocken auf meine Windschutzscheibe und trübt nicht nur meine Sicht, sondern auch mein Gemüt. Seit Wochen schneit es, die Räumdienste kommen nicht nach und auf vielen Nebenstraßen wird überhaupt nicht geräumt. Weil ich das neue Arbeitsgebiet und die dortigen Kloverhältnisse nicht kenne, fahre ich in Kreuzberg noch schnell an eine Tankstelle, benutze dort die Toilette und gönne mir einen Cappuccino to go. Das Klo sieht grauenvoll aus, die Skihaltung über dem Klobecken beherrsche ich seit Jahren einwandfrei. Tankstellen-WCs sind eigentlich nur dann relativ sauber, wenn sie innerhalb des Kassengebäudes sind. Sofern man sich den Schlüssel erst vom Tankwart holen muss und dann von außen rein muss, findet man meistens ein Schlachtfeld vor. Im schlimmsten Fall hat dort vorher noch ein grobschlächtiger Fernfahrer mit lückenloser Körperbehaarung sein Geschäft verrichtet. Dann weiß man, wo der Frosch Locken hat.

Bibbernd setze ich mich wieder in das noch warme Auto. Ich stehe rechts am Straßenrand, vor und hinter mir parken Autos mit Schneetürmen auf den Dächern, die sind nicht erst seit eben da. Ich setze den Blinker links und trete aufs Gaspedal. Der Seat, den ich inzwischen fahre, bewegt sich keinen Zentimeter, die Reifen drehen sich im weißen Schnee und graben sich darin tief ein. Ich nehme den Pappbecher aus dem Mund, den ich bis zu diesem Moment mit den Zähnen am oberen Rand festhielt, werfe Bonbonpapier aus der Trinkhalterung in den Fußraum und stelle den Kaffee ab. Also noch mal, jetzt aber volle Konzentration. An dem Auto bewegen sich nur die Räder, sonst nichts. Mehr Gas will ich nicht geben, ich habe Schiss, dem Vordermann aufs Heck zu schlittern. Ich steige aus und lege die Aluminiumfrostschutzmatte für die Windschutzscheibe vor die Vorderreifen, sie sollte griffig genug für die Reifen sein. Nix, die Matte flutscht unter dem Wagen hervor wie ein Stück Seife aus der Hand.

Dann sehe ich eine kleine Gruppe rauchender Männer vom Schneeräumdienst vor einem Lotterieladen stehen, sie beobachten mich und haben einen Heidenspaß dabei. Als sie bemerken, dass ich sie ertappt habe, schnippen sie ihre Kippen in den Schnee und schlendern gönnerhaft auf mich zu, während sie feixen und sich gegenseitig in die Rippen stoßen. Mit einer Schippe schaufelt einer von ihnen den Schnee vor und hinter meinen Reifen weg, väterlich lächelnd sieht er mich dabei an. „Nun steigen Se mal ein, jetzt jehts, wir schieben Se raus." Ich habe plötzlich einen hochroten Kopf. Was soll denn das jetzt, warum werde ich rot, ärgere ich mich in Gedanken. Ich trete sachte aufs Gaspedal und drehe am Lenkrad, meine vier Helden sehe ich im Rückspiegel am Kofferraum stehend, die Hände auf der Heckklappe. Wieder geht nichts, die Reifen drehen durch. Einer von ihnen klopft an meine Scheibe. Ich lasse sie herunter, allerdings erst, nachdem ich vor lauter angespannter Aufregung zunächst alle anderen Scheiben geöffnet und wieder geschlossen habe. Dann finde ich endlich den richtigen Schalter und blicke den Typen vor meiner Scheibe beschämt an.

„Mann, Mann, Mann, du bist vielleicht ne Pflanze! Pass ma uff: Erst drehste den Lenker nach rechts, dann zurück und dann noch ma, 'n bisschen hin und her rollen, Mädchen, und denn uffs Jas!" Während er mir Anweisungen erteilt, reicht er mir die nasse Alumatte durch das Fenster.

Ich mach's, wie mir befohlen, und rutsche tatsächlich unbeholfen mit meinem Gefährt aus der Parklücke. Die Jungs schieben von hinten, Schnee von meinen wild gewordenen Rädern peitscht ihnen ins Gesicht. Auf der Straße gebe ich Vollgas, das Heck schwingt kurz hin und her und ich hinterlasse eine Rauchwolke inklusive Geschwindigkeitsüberschreitung. Ich traue mich nicht einmal mehr, in den Rückspiegel zu gucken.

Mein Navi sagt zehn Kilometer geradeaus. Die Altbauten links und rechts werden zu Plattenbauten. Irgendwann sehe ich am Horizont eine Betonfestung vor mir, die laut Straßenbeschilderung mein

Wunschziel ist. Meine Güte, da wird mir ja ganz bange, denke ich, während ich mein Auto beim ersten Schuldner einparke. Ich schaue die zwanzig Stockwerke rauf und bin gleichermaßen beeindruckt wie abgeschreckt. Wie viele Menschen mögen bloß in diesem Kiez wohnen? Die Straßen und Häuser gleichen einander wie ein Ei dem anderen, ich fühle mich wie in einem Labyrinth. Wahnsinn, in solchen oder ähnlichen Gegenden wird also richtig böser Gangster-Rap fabriziert. Ein Mekka für jeden Checker.

Die ersten fünf Schuldneranfahrten sind vergeblich, zweimal niemanden angetroffen und dreimal unbekannt verzogen. Bei der sechsten Adresse habe ich Erfolg, es ist jemand zu Hause. Sechzehnter Stock, da hat man sicher einen irren Ausblick. Natürlich gibt es in fast jedem Stadtteil von Berlin solche Wolkenkratzer, in den meisten davon hatte ich schon zu tun. Aber dass sich solche Gebäude kilometerweit aneinanderreihen, ist ein neuer Eindruck für mich. Die Plattenbauten wirken auf mich beklemmend, ich empfinde unbegründetes Mitleid für die Bewohner dieser Häuser. Mit mulmigem Gefühl betrete ich den Fahrstuhl, er sieht alles andere als vielversprechend aus. Die Benutzung eines Lifts, falls vorhanden, erlaube ich mir aus Fitnessgründen immer erst ab dem vierten Stockwerk, da bin ich hier ja nun weit drüber. Der Aufzug eiert im Schneckentempo und quietschend aufwärts, ich habe ausreichend Zeit, mir die eingeritzten und aufgemalten Notizen durchzulesen. *Schindlers Kiste* lese ich zu meiner Rechten und bin belustigt. Ansonsten sehe ich nur Obszönitäten und eine angekokelte Notruftaste.

Nachdem der Aufzug hält und die Türen sich wie eine Ziehharmonika eingeklappt haben, gehe ich durch einen schwach beleuchteten Gang und suche die Wohnung Nr. 168, dort soll meine Zielperson wohnen. Es ist gespenstisch in diesen Gängen, hoffentlich finde ich hier wieder raus! Der Schuldner steht bereits an der Tür, oben ohne, unten Jogginghose. Mit dicker, nackter Plauze hängt er in der Tür, die Hände klemmen lässig am oberen Türrahmen. Er hat weder auf dem Kopf noch auf der Brust Haare, bloß unter den Achseln hängen rotbraune Büschel wie Eichhörnchenschwänze. Was allerdings am meisten auffällt, sind zwei zigarettenschachtelgroße Pflaster auf den Brustwarzen.

„Hallo!", sage ich fröhlich. „Sind Sie Herr Rose?" „Leibhaftig. Wat jibt et?" Seine Stimme klingt leicht gereizt, natürlich ahnt er, dass ich nicht von der Glückslotterie bin. Ich erläutere mein Anliegen, woraufhin er sofort auf stur schaltet, er geht verbal in Abwehrhaltung. Dann leiert er das Übliche runter, er habe Schuldenberge, die einzige Einkunft sei eine Grundsicherung vom Sozialamt, die eidesstattliche Versicherung sei im letzten Monat erneuert worden und außerdem sei er zurzeit krank. Nach seiner Darbietung sieht er mich an, als erwarte er Applaus.

„Ja, Mensch, Mensch, Mensch!", sage ich. „Dann höre ich's ja wohl richtig, Sie stecken bis zum Hals im Dreck." Ich tue so, als würde ich angestrengt nachdenken. „Da kriegen wir die Kuh nicht so schnell vom Eis, wa?", füge ich hinzu und gebe mich besonnen. Mein Bauchgefühl sagt mir, dass der Typ was locker machen könnte, Leute wie der schaffen doch immer von irgendwo Geld ran, wenn es sein muss. Ich lenke ihn erstmal ab. „Was haben Sie denn da gemacht?" Ich deute mit einem Kopfnicken auf die Pflaster über seinen Brustwarzen.

„Ick hab ma de Brustwarzen amputieren lassen", lautet seine Antwort. Er beobachtet meinen Gesichtsausdruck. Ich bin bestürzt. „Ehrlich", frage ich, voll von den Socken, „warum denn das?" Ich bin aufrichtig neugierig, aber der Mann zuckt bloß stolz mit den Schultern. Ich kriege mich dann schnell wieder ein, finde die Sache aber völlig verrückt. Ich mag nicht noch einmal nachfragen, warum man so etwas macht. Vielleicht war ja auch ein medizinischer Eingriff notwendig, aus welchen Gründen auch immer, es gibt ja die dollsten Sachen. Oder er lügt einfach wie gedruckt.

„Ist ja krass", murmle ich und wechsle das Thema. „Ach schade, Herr Rose, da komme ich wegen dieser Geldsache wohl zum falschen Zeitpunkt." Ich halte kurz inne. „Dabei hätte ich gerade jetzt die einmalige Möglichkeit, Ihnen unter den geschilderten Voraussetzungen die Hälfte Ihrer Schulden zu erlassen! 550 Euro statt 1100, das wäre ja schon der Hammer gewesen, oder? Ist ja echt ärgerlich." Ich lasse das Ausgesprochene wirken, reibe mir grüblerisch das Kinn. Ich spüre förmlich in den Händen, dass ich ihn am Haken habe. Ich geh aufs Ganze: „Mensch, Herr Rose, wie machen wir das bloß, das wäre ja wirklich zu blöd, wenn Ihnen das jetzt durch die Lappen geht. Aber wenn's nicht geht, dann geht's halt nicht, das könnte ich schon verstehen."

„Könnte ick dit och nächstes Jahr bezahlen? Vielleicht? Sicher is dit aber dann och nich!", fragt er, im Türrahmen baumelnd.

„Neeeee, verflixt, tut mir leid, das Angebot gilt echt nur jetzt, innerhalb der nächsten vier Wochen. Mensch, Mensch, Mensch! Haben Sie nicht irgendjemanden, der Ihnen das Geld borgen kann, und Sie zahlen es dem dann in kleinen Raten zurück? Aber nur wenn Sie das hinkriegen, sonst nicht. Sie müssen sich schon noch was zu essen kaufen können", bluffe ich in Hochleistungsform. „Mir persönlich ist das ja egal, ob Sie zahlen oder nicht, das können Sie sich sicher vorstellen!", lüge ich und kann froh sein, dass meine Nase nicht pinocchiomäßig nach vorne schnellt. „Na, nun kommse ersma rin, ick muss ma eene roochen." Herr Rose lässt den Rahmen los und tritt zurück.

Zweiundzwanzig Tage später hole ich das Geld bei ihm ab. Ich frage ihn neugierig bei der Verabschiedung nach seiner Gesundheit, aber er geht leider nicht mehr auf seine Brustwarzen ein.

Ich begebe mich frühzeitig auf den Heimweg, weil ich nicht weiß, wie lange ich durch die Stadt brauche. Zwei Aufträge habe ich noch in meiner Wohngegend, die kann ich ja dann machen, wenn es noch früh genug ist. Nach eineinhalb Stunden bin ich wieder in Wilmersdorf und parke auf einem Aldi-Parkplatz, von hier aus kann ich beide Schuldner gut zu Fuß erreichen. Bei beiden Aufträgen bin ich zuversichtlich, die Forderungen sind aus diesem Jahr und die Schuldner sind unter zwanzig Jahre alt. Die jungen Leute sind oft noch nicht so abgebrüht.

Die erste Schuldnerin ist verzogen, aber die Mutter nennt mir bereitwillig die neue Anschrift in Hamburg. Ich pflege die Daten in den Computer ein, in der Gewissheit, dass sich in ein paar Tagen mein Hamburger Kollege intensiv darum kümmern wird.

Der zweite Schuldner ist zu Hause und rotzfrech. Arrogant und herablassend steht er vor mir, als wäre er der Herrscher der Welt. Ich stelle mich vor und deute den Grund meines Besuchs an. Der Junge ist höchstens zwanzig und hält grinsend eine Kippe zwischen Zeigefinger und Daumen. Noch während meiner Ansprache nennt er mich Opfer. Er spuckt mir neben die Füße. Ich sehe ihn durchdringend an, versuche Überlegenheit zu vermitteln, zumindest geistige. Das wird sicherlich nicht alles sein, was er an Provokation zu bieten hat. Durch die offene Tür sehe ich Onkelz-Poster an den Wänden, die deutsche Flagge und ein Wahlposter der NPD sind an der Tür befestigt. Mein imaginärer Vorhang fällt in dem Moment, in dem ich das Poster entdecke, ich will das Gespräch sofort zu Ende bringen. „Ich glaube, wir klären das besser auf anderem Weg, ich will mich hier nicht schmutzig machen", bemerke ich hochnäsig. Er lacht mich aus, woraufhin ich fühle, dass unbekannte Aggressionen in mir aufsteigen. Ich habe keine Angst, schäume fast über vor Wut.

„Ich erteile Ihnen Hausverbot!", ruft er mir lachend hinterher, als ich wortlos zur Treppe gehe. Braune Scheiße, denke ich.

Hausverbote sind übel. Ich bekomme sie ständig, ich sollte mich daran gewöhnen, aber sie haben diesen bitteren Beigeschmack der Unterlegenheit. Ich laufe stets erhobenen Hauptes vom Hof, fühle mich aber wie ein geprügelter Hund. Ich nehme an, die Leute wissen das, mein Groll ist ihr Triumph. Der hab ich's aber gezeigt, werden die denken.

Ich finde, ich habe es nicht nötig, mich derartig behandeln zu lassen, ich habe deren Schulden schließlich nicht gemacht. Dennoch gehören Rausschmisse einfach zu meinem Job. Es war ein langer Prozess, zu lernen, solche Dinge nicht persönlich zu nehmen.

In meinem Beruf habe ich viel zu oft mit Asozialen zu tun. Aber die Schuldner selbst liefern mir Tag für Tag den Beweis dafür, das Asozialität rein gar nichts mit Geldarmut zu tun hat.

Es gelingt mir immer, in jeder noch so konfusen Situation, mich völlig auf den Schuldner einzulassen, unabhängig von Herkunft, Armut, Reichtum oder Verhaltensweisen. Respekt wird bei mir mit großem R geschrieben, so wurde ich erzogen.

Auf eine Sache kann ich allerdings gar nicht, und zwar Rechtsradikalismus. Oder Fremdenfeindlichkeit im Allgemeinen. Bei Konfrontationen dieser Art fällt es mir ausgesprochen schwer, die Kontrolle zu behalten und mich zu beherrschen. Für diese Geisteshaltung ist kein Platz in meinem Leben, auch nicht beruflich. Ich möchte nicht einmal deren Geld.

KAPITEL 16

Buckelige Steintreppen führen mich in eine kleine Wohnung im Souterrain eines Vierfamilienhauses, typischer Kellergeruch steigt in meine Nase. Gibt es eigentlich Keller, in denen es nicht so riecht? Gerüche sind eine ganz spezielle Sache für mich geworden. Laufe ich durch die dicht besiedelten Wohngebiete in Kreuzberg, in denen überwiegend Türken wohnen, riecht es nach frischer Wäsche. Das ist ein ganz bestimmter Frischewäscheduft, nicht derselbe, wie ich ihn von zu Hause kenne. Offensichtlich benutzen dort ganze Straßenzüge das gleiche Waschmittel. Weniger angenehm sind beispielsweise die Gerüche, die mir oft aus Briefschlitzen entgegenschlagen, die direkt in die Wohnungstüren eingebaut sind. Himmel, es hat wirklich eine Weile gedauert, bis ich gelernt habe, zuerst die Luft anzuhalten, bevor ich die Klappen öffne. Manchmal dehnt sich dieser Mief im ganzen Treppenhaus aus. Außerdem gibt es den speziellen Geruch von Raucherwohnungen, in denen gleichzeitig nie gelüftet wird. Das ist ein wadenbeißerischer Geruch, der sich sofort tief in meine Poren setzt und mich dann den ganzen Tag begleitet. Er haftet hartnäckig an meinen Haaren und auf dem Sitzpolster in meinem Auto wie eine Fliege am Scheißhaufen. Das finde ich absolut widerlich, trotz der Tatsache, dass ich in dieser Zeit selbst überwiegend Raucher war.

Hier riecht es jedenfalls nach Keller, leicht moderig. Nicht streng, aber deutlich wahrnehmbar. Davon abgesehen ist die Wohnanlage durchaus gepflegt.

Mir öffnet eine große schlanke Dame in kurzem Rock die Tür, an ihren Füßen blitzt knallroter Nagellack unter den Feinstrumpfhosen hervor.

„Hallo!", begrüßt sie mich lächelnd. „Was kann ich für Sie tun?" „Hallo, ich bin auf der Suche nach Bernd Prumme", erwidere ich freundlich. Die Dame ist mir sofort sympathisch, sie scheint mein Alter zu haben. Sie blickt mich fragend an, ich bemerke ihre schönen braunen Locken, sie umrahmen ein dezent geschminktes Gesicht. „Ja, das bin ich", sagt sie.

Ich bin einen Moment zu lange überrascht, mein Blick wechselt zwischen Notebook und meinem Gegenüber hin und her, ich suche nach Fehlern in meinem Datensatz. Dann lächelt sie mich verschmitzt an und sagt: „Das stimmt schon so, kommen Sie mal rein." Auf dem Weg zur Küche erklärt sie: „Ich hieß mal Bernd Prumme, heute heiße ich Lisa Prumme." Was Ähnliches habe ich inzwischen vermutet und gebe ein breites Ach sooo! von mir. Die Küche ist zitronengelb eingerichtet, auch die Dekoration ist gelb gehalten, sogar Toaster und Wasserkocher sind gelb. Ich fühle mich direkt wohl, setze mich auf einen Stuhl und nehme dankbar das Angebot einer Tasse Tee an.

Auf der Küchenbank tummeln sich zwei niedliche Yorkshireterrier mit kleinen Zöpfchen auf dem Kopf. Nachdem ich mir die Erlaubnis dafür geholt habe, tolle ich ein bisschen mit ihnen herum und beginne erst dann mein Inkassogespräch. Merkwürdig, manche Menschen sind so naiv freundlich, dass sie mir Einlass in ihr Leben gewähren, ohne überhaupt zu wissen, wer ich bin.

Nachdem wir eine Weile Lisa Prummes Vermögens- beziehungsweise Armutsverhältnisse erörtert haben, vereinbaren wir eine monatliche Rate in Höhe von 30 Euro ab dem nächsten Monatsersten. Das finde ich in Ordnung, sie zeigt sich außerordentlich bemüht um ihren Schuldenabbau. Als wir das Thema abgeschlossen haben, platzt meine Neugier aus mir heraus: „Sie sehen echt saugut aus! Das ist Wahnsinn, man kann ja nicht mal mehr ahnen, dass sie mal ein Mann waren!" Frau Prumme muss lachen und bedankt sich. Sie geht zu einem der Zitrusregale, holt ein Bild aus einem Umschlag und zeigt es mir. Die Fotografie bildet einen hübschen Bengel von etwa zehn Jahren ab. Der Junge auf dem Bild trägt einen Kurzhaarschnitt, wie ich ihn von alten Kinderfotos meines Vaters kenne, so einen Heinrich-Himmler-Gedenk-Schnitt. „Das war Bernd Prumme, also ich vor 19 Jahren", erläutert sie überflüssigerweise. Während ich beiden Hunden auf meinem Schoß die Ohren kraule, erzählt sie eine erstaunliche Geschichte. Mit 18 begann ihre Umwandlung zum anderen Geschlecht und damit ihr neues, besseres Leben. Nach vier Jahren war die letzte Operation vollzogen und sie änderte ihre Identität von ehemals Bernd in nunmehr Lisa. Sie brach den Kontakt zu ihrer Familie ab und wollte in die große Welt hinaus. So zog sie ohne Ausbildung und ohne Schulabschluss von Kiel nach Berlin, in der Hoffnung auf Arbeit und auf eigene vier Wände. Jahrelang hielt sie sich mit einfachen, unterbezahlten Jobs über Wasser, fuhr sogar Gabelstapler in Lagerhallen und räumte Kartons in Supermärkten aus. Das Geld reichte allerdings nie, sie konnte diverse Rechnungen nicht mehr bezahlen, drohte die

Wohnung zu verlieren. Irgendwann kam sie zur Prostitution, zuerst nur einmal in der Woche, dann immer häufiger, inzwischen täglich. Sie selbst sei homosexuell, habe zwei Jahre eine Beziehung mit einer Frau gehabt, die kürzlich zerbrach. Das Sorgerecht für die beiden Hunde würde jetzt geteilt werden, zwei Wochen habe sie die beiden am Stück, dann sei ihre Exfreundin dran.

„Inzwischen bin ich zufrieden mit meinem Leben, vielleicht bekomme ich irgendwann einen anderen Job, der gut bezahlt ist, das wäre perfekt", sind ihre Abschlussworte. „Das ist wirklich eine super interessante Geschichte, sie sind eine bemerkenswerte Frau", sage ich ehrlich und verabschiede mich.

Im Auto lasse ich mir die Details noch einmal bei einer Zigarette in Ruhe durch den Kopf gehen. Das ist ja wirklich sehr verworren. Ich frage mich, wie das alles anatomisch überhaupt möglich ist. In der Sexualität gibt es wirklich die verrücktesten Dinge, denke ich, werfe meine Kippe aus dem Spalt im Fenster und starte den Motor. Egal, wie viel von dieser Geschichte wahr ist, ich hatte sehr unterhaltsame dreißig Minuten mit einer äußerst interessanten Person.

KAPITEL 17

Nachdenklich sehe ich durch meine Windschutzscheibe die Leute auf der Straße an, die in Gedanken versunken an mir vorübergehen. Ich sitze in meinem Auto auf einer Plastiktüte, die zum Glück zerknittert im Fußraum lag, weil ich heute früh damit Altglas von zu Hause in einen Container transportiert habe. Bis nach Hause brauche ich von hier etwa vierzig Minuten. Wenn ich mich richtig besinne, müsste aber zwei Straßen weiter ein Billigtextildiscounter sein. Meine Hintern ist nass, ich muss schleunigst aus dieser Hose raus. Noch vor sieben Minuten saß ich bei einer älteren Dame in einer penetrant stinkenden Wohnung auf dem Sofa, in einer Duftwolke aus Urin und Zigarettenrauch, vermischt mit Körperwärme.

Um mich herum schleichen drei Katzen. Von den Zimmerdecken hängen solche Klebewachsstreifen, die Fliegen anlocken sollen, damit sie sich in dem Wachszeug zu Tode winden. Allerdings hat an diesen Streifen kein Insekt mehr Platz, die hängen nicht erst seit gestern da. Ich muss unbedingt nachher beim Aufstehen aufpassen, dass sich so ein Ding nicht in meinen Haaren verfängt. Das Inkassogespräch verläuft unspektakulär, ich sehe wichtige Dokumente ein, die wahllos irgendwo im Zimmer umherliegen und mit Getränkerändern markiert sind. Während die Katzen mich grimmig im Visier haben, mache ich mir ein paar Notizen. Ich bin kein Katzenfreund, zumindest nicht in Schuldnerwohnungen. Egal, wie sehr ich mich bemühe, keinen körperlichen Kontakt zur Inneneinrichtung zu haben, nach Besuchen in Katzenwohnungen bin ich stets von oben bis unten mit Haaren übersät, die ich sodann im Auto verteile und noch abends zu Hause wiederfinde. Einmal hat mir eine Schuldnerin ein Stück selbst gemachten Kuchen serviert, in dem Hunderte von Katzenhaaren regelrecht eingebacken waren, das war abscheulich. Wahrscheinlich befinden sie sich noch heute als Knäuel in meinen Eingeweiden.

Außerdem gucken Katzen immer so böse, zumindest gucken sie mich böse an, ich kann mir da nicht helfen. Vielleicht liegt das aber auch an einem Katzentrauma, das mir als Teenager widerfahren ist. Meine beste Freundin Maria hatte eine schwarzweiße Katze namens Pussy, die ungefähr so groß war wie ein ausgewachsener Schäferhund. Als ich zum ersten Mal bei Maria übernachtete und noch nichts von Pussys Existenz wusste, kam sie mir nachts auf der Treppe entgegen, als ich schlaftrunken zur Toilette wollte. Ich werde das Bild nie vergessen, wie sie plötzlich vor mir stand und mich Auge in Auge anfauchte. Dennoch wurde Pussy in dieser Familie geliebt und geachtet und verweilt inzwischen im Katzenhimmel. Besser ist es. Seither habe ich auf alle Fälle ein gespaltenes Verhältnis zu Katzen, ich würde sogar sagen, ich fürchte mich vor ihnen.

An diesem Tag sitze ich also auf der Couch in dieser Wohnung bei meiner Schuldnerin und mache mir in Windeseile Notizen, um dem Gestank und den Tieren möglichst schnell zu entkommen. Die Dame erklärt mir, wie sie zurzeit ihre Wohnung heizt. Sie öffnet die Backofentür an ihrem Herd mehrfach täglich und heizt auf 250 Grad auf. Heizmaterial für den Ofen kann sie sich einfach in diesem Monat nicht mehr leisten. Wenn jetzt noch der Strom abgeklemmt wird, ist es nicht nur kalt, sondern sieht auch düster aus. Es folgt die übliche Leier der Mittellosigkeit, während ich bemerke, dass ihr oberer Kiefer komplett leergeräumt ist. Unten präsentieren sich hartnäckig drei Zähne, die aussehen wie alte Zigarettenstummel.

Erst als ich wieder in der Wohnungstür stehe und mich verabschiede, bemerke ich einen kalten Windzug am Allerwertesten. Gedankenlos streiche ich mir über den Hintern und stelle fest, dass er klatschnass ist. Wieso merke ich jetzt erst, dass mein Po nass ist? Wie ist das passiert? Man merkt doch wohl sofort, wenn man sich auf etwas Nasses setzt!

Es sei denn, die Flüssigkeit hat in etwa Körpertemperatur. Instinktiv rieche ich an meiner Hand, aber meine Nase ist noch betäubt von den Wohnungsgerüchen. Ich beschließe, auf keinen Fall darüber nachdenken zu wollen, warum und womit meine Hose inklusive Schlüpfer getränkt ist. Es gibt Dinge, die will man nicht herausfinden, aber man muss sie sofort loswerden, um nicht den Ekeltod zu sterben.

Ich entscheide mich gegen eine sofortige Heimfahrt und für den Billigtextildiscounter, kaufe mir dort ohne Anprobe eine Hose für 9 Euro und einen Satz Unterhosen. Die gibt es hier nicht einzeln. Die Hose hat einen enormen Schlag, richtig hippiemäßig, mit extrem hohem Stretchanteil, gar nicht schlecht. Bei den Unterhosen habe ich die Wahl zwischen Rüschenstrings im Dreierpack (pink, schwarz, hellblau) und weiß-beigefarbenen Riesenschlüpfern im Fünferpack. Ich nehme die Riesenslips, scheiß drauf. Nach dem Bezahlen verschwinde ich ohne Zögern hinter dem Umkleidevorhang und ziehe mich um. Alte Hose und alter Slip wandern direkt in die Tonne. Dass ich erst abends duschen kann, damit muss ich eben leben.

Nun habe ich es eilig, um zehn Uhr dreißig habe ich einen Zahlungstermin in Mitte vereinbart, da möchte ich pünktlich sein. Um Viertel nach zehn stehe ich bereits vor der Haustür, ein Sechsfamilienhaus mit Flügeltüren. Als ich mich mit der Schulter fest dagegen stemme, öffnet sich das Schloss und ich bin sofort im Eingangsbereich, das klappt oft bei solchen Türen. Es gibt Kollegen, die haben sich aus den Böden von Plastikflaschen Türöffner gebastelt, den Tipp bekam mal ein Kollege von einem Briefträger. Solche Türöffner sind natürlich illegal, aber Gold wert, wenn die Briefkästen im Haus sind und niemand die Tür öffnet. Carsten hat mir auch mal so ein Ding gemacht, aber ich habe mir damit nie Einlass verschaffen können, weil ich mich zu blöd angestellt habe und das Gefühl hatte, ich würde beobachtet.

Bei dieser Familie war ich bereits vor drei Wochen zum Erstbesuch, bei dem ich den heutigen Zahlungstermin abgesprochen habe. Ich entsinne mich, das Gespräch überwiegend mit den beiden sieben- und achtjährigen Töchtern geführt zu haben, da die Eltern selbst kaum Deutsch sprechen. Meistens finde ich solche Gespräche, in denen die Kinder für ihre Eltern dolmetschen, gleichermaßen amüsant wie befremdlich. Diese Kinder zeigen oft die Weisheit und Ernsthaftigkeit von Erwachsenen, während die Mutter und der Vater wie Schulkinder danebensitzen.

Heute soll ich hier 200 Euro bekommen. Die Töchter öffnen mir die Tür, beide haben ein weißes Kleid an, ihre Haare sind zu Hochsteckfrisuren gekämmt und mit glitzernden Spangen verziert. Sie lachen mich fröhlich an, bitten mich herein und führen mich zu einer Art Kommode im Flur, auf der vier Fünfzigeuroscheine liegen. Als ich an der offenen Tür eines Zimmers vorbeigehe, sehe ich acht bis zehn Erwachsene auf dem Fußboden kniend und laut betend. Eigentlich ist es eher ein Gesang, sie nehmen mich nicht wahr, scheinen zu meditieren. In ihrer Mitte sitzt ein kleiner Junge und schaut die Betenden mit großen Augen an.

Die Mutter der beiden Töchter erscheint im Türrahmen und hat ebenfalls ein weißes, bildhübsches Kleid an, ihre Haare sind mit Blumen geschmückt. Als ich sie erblicke, rufe ich: „Oh nein, ich störe! Sie sehen alle so wunderschön aus, heiraten Sie etwa heute? Warum haben Sie nichts gesagt? Dann wäre ich an einem anderen Tag gekommen!" Die Mutter lächelt mich freundlich an und deutet auf das Geld auf der Kommode, sie hat nichts verstanden. „Okay, dann beeile ich mich", sage ich, lege meinen Quittungsblock auf die Kommode und fange an zu schreiben. Unterbewusst nehme ich einen halben Meter hinter mir einen Tisch wahr, auf dem glänzend geputzte Messerchen oder eine Art von Besteck auf weißem Stoff liegen.

„Ihr seht wirklich großartig aus", sage ich zu den beiden Mädchen, die neben mir stehen, „das wird sicher eine schöne Feier heute! Was ist denn das für ein Fest?"

„Wir feiern heute die Beschneidung unseres kleinen Bruders", sagt eins der Mädchen und lächelt mich erwachsen an. „Oh, ach so", sage ich erstaunt, lächle zurück und streiche ihr kurz über die Wange.

Erst viel später, als ich längst wieder im Auto auf dem Weg zu meinem nächsten Schuldner bin, fügen sich die Bilder in meinem Kopf zusammen. Die singende Gruppe von Menschen, die mich nicht wahrnimmt, das säuberlich hergerichtete Besteck auf weißen Tüchern, der kleine Junge im Kreis der betenden Menschen. Was zum Teufel findet dort in diesen Räumen mitten in der City gerade statt? Oder ist es meine Fantasie, die mir in den folgenden Stunden einen Streich spielt und ungewollte Bilder in meinem Kopf zusammenpuzzelt. Eine Gefühlsmischung aus schlechtem Gewissen, Fassungslosigkeit und Traurigkeit macht sich nach diesem Erlebnis noch tagelang in meinem Inneren breit.

KAPITEL 18

Ich stehe in unserer kleinen Küche und koche Steckrübeneintopf für mindestens zwei Tage. Wenn mir meine liebe Mutter eins mit auf den Weg gegeben hat, dann ist es die Eintopflehre. In Bezug auf Eintöpfe und Kartoffelsalat ist meine Mama unschlagbar. Ich selbst beherrsche mindestens fünfzehn Variationen aus dem Effeff in allerhöchster Spitzenklassenqualität. Lediglich in Bezug auf die Fleischeinlagen habe ich ein paar Defizite, was aber an meinem jahrzehntelangen Vegetarierdasein liegt.

Seit ein paar Monaten esse ich wieder Fleisch, und zwar ordentlich. Keine Ahnung, wie das nach all den Jahren strikter Abstinenz noch passieren konnte, aber ich bin regelrecht besessen von Bratwürsten in Schrippen mit Senf und Ketchup. Früher bin ich ausgeflippt, wenn jemand beim Grillen für mein Tofuschnitzel die gleiche Grillzange verwendet hat wie für sein Nackensteak.

Es überkam mich aber eines Tages wie aus heiterem Himmel und ich langte mit meiner Gabel über den Tisch in unserem Stammrestaurant, um ein Stück Pute von Carstens Teller aufzuspießen und wie selbstverständlich in meinem Mund verschwinden zu lassen. Von da an war der Bann gebrochen. Das wird kein Vegetarier jemals verstehen, und wenn ich ehrlich bin, verstehe ich es auch nicht.

Aber wenn das mit meinem Job mal nicht mehr hinhaut, dann ziehe ich mit so einem Bratwurstbauchladen über den Alex, so etwas gibt es hier wie

Sand am Meer. Diese Wurstverkäufer haben alles bei sich: einen Grill, Brötchen, Senf, Ketchup, da staunt man wirklich, das alles hängt an ihren Bäuchen. Mit den zugehörigen Gasflaschen auf dem Rücken preisen sie wie Marktschreier ihre Würste an und erfreuen sowohl Touristen als auch Einheimische.

Ich gebe gerade ein schönes Stück Butter in den Eintopf, als Carsten zu Tür hereinkommt. „Mmmmh", macht er und nimmt mir den Kochlöffel aus der Hand, „einmal kosten!"

Wir haben seit zwei Jahren eine gemeinsame Wohnung im östlichen Teil der Stadt, eine Dreiraumwohnung. Hier heißt es Dreiraumwohnung, nicht Dreizimmerwohnung, da muss man schon drauf achten. Eigentlich ist die Wohnung etwas zu klein für uns, meine Möbel aus der Wilmersdorfer Wohnung können wir gar nicht mehr aufstellen. Außerdem hat Carsten in diesen Räumen – nicht Zimmern – bereits mit seinen Exfreundinnen gewohnt, das hat mich bis zuletzt gestört, da bin ich komisch.

Der Eintopf ist etwas zu dünn geworden, aber trotzdem lecker. Carsten schenkt Rotwein in blumenvasengroße Gläser und fragt aus heiterem Himmel: „Würdest du mit mir nach Bayern ziehen?" Er schaut mich erstmal nicht an und fischt auf seinem Teller verstohlen nach einem Stück Rübe. Mir fallen Löffel und Kinnlade runter. „Das ist doch wohl nicht dein Ernst!?", frage ich sichtlich schockiert. „Doch, schon", sagt er, dann entsteht eine kurze Pause. „Aber nee, lass mal, es war nur so eine Idee." Er schiebt sich nachdenklich eine Kartoffel in den Mund. „Ich habe da bloß heute ein supergutes Jobangebot bekommen, und bei uns in der Firma läuft es ja gerade nicht so gut. Das wäre echt eine extreme Chance für mich, ich wollte zumindest mal mit dir darüber sprechen." Carsten arbeitet in der Automobilbranche, wenn ich recht überlege, läuft es da je nach Hersteller immer total gut oder total schlecht.

Es trifft mich wirklich unvorbereitet, ich sage nichts mehr und grüble. Was unseren jetzigen Wohnort Berlin angeht, gibt es ja hier für mich keine Heimatverbundenheit, ich habe in der Vergangenheit bereits im Ruhrgebiet gelebt und auch im Neckartal, wieso also nicht mal Bayern? Trotzdem, Berlin ist für mich zu etwas Besonderem geworden. Hier habe ich die größte Herausforderung meines Lebens bestanden und außerdem Carsten kennengelernt.

Ausgerechnet Bayern, da hört man doch immer so viele komische Sachen. Das ist irgendwie so ein Land für sich, alles Patrioten dort, sagt man.

Ich öffne eine zweite Flasche Wein, wir albern herum und spinnen uns ein Leben in Bayern zurecht. Ich selbst wäre bundesweit einsetzbar, ein Gespräch mit der Chefebene meines Arbeitgebers würde theoretisch ausreichen, um mich versetzen zu lassen. Am Ende des Abends sind wir hin und her gerissen zwischen eigentlich-wäre-das-doch-super und das-wollen-wir-auf-gar-keinen-Fall. Wir verordnen uns Bedenkzeit.

Zwei Monate später serviere ich den Möbelpackern Kaffee in Pappbechern und stelle ihnen eine Büchse Kekse hin. Belegte Schnittchen wären denen vermutlich lieber gewesen, aber wo soll ich die noch schmieren zwischen den Kartons, da müssen Plätzchen halt ausreichen. Es ist acht Uhr früh, als ein riesiger Möbelwagen in Richtung Süden rauscht, dahinter Carsten in seinem neuen Dienstwagen. Der Bird, unser Wellensittich, piept kläglich auf dem Beifahrersitz. Dahinter fahre ich in meinem Seat Ibiza, auf dem Beifahrersitz macht sich ein Ficus benjamina breit. Mit gemischten Gefühlen fahren wir dem Weißwurstäquator entgegen, wohlwollend blickend auf eine extreme Chance für Carsten und auch für mich.

KAPITEL 19

Schweißgebadet und mit weit aufgerissenen Augen fahre ich den Seat im ersten Gang den schmalen Weg hoch, der Motor heult auf wie ein Kojote. Es ist acht Uhr dreißig am 1. September, mein erster Arbeitstag und meine erste Schuldneranfahrt in Bayern. Ich bin verstört angesichts dieser schmalen Straße mit einer Steigung von gefühlten 88 Prozent. Panisch male ich mir aus, was passiert, wenn mir jetzt ein Auto entgegenkommt. Heiliger Bimbam, wie kriegen die das hier bloß auf die Reihe? Wenn ich auf diesem Pfad aus irgendeinem Grund stehen bleiben muss, werde ich hier sterben, ich kann dann auf diesem Weg weder wenden noch die Fahrt fortsetzen, ohne rückwärts ins Verderben zu rollen. Solche Extremsituationen hat man mir im Emsland in der Fahrschule nicht beigebracht.

„Sie haben Ihr Ziel erreicht, das Ziel liegt auf der linken Seite", tönt es blechern aus dem Navigationsgerät. Hier oben gibt es nur ein Gebäude auf einem großen Hof mit einigen Stallungen, die letzten Häuser liegen ein paar Hundert Meter zurück. Ich biege zitternd in die Hofeinfahrt ein und komme mit einem großen Satz nach vorn sowie einem kapitulierenden Schnaufen aus dem Motorraum zum Stehen. Neugierig beobachtet mich ein Mittsechziger mit Forke in der Hand vom Eingang einer Scheune aus. Mein Mund ist staubtrocken vor lauter Fracksausen. Der Mann macht ein paar Schritte in meine Richtung und bückt sich leicht, um ins Auto spähen zu können. Nie und nimmer kann ich in diesem Augenblick ein Inkassogespräch führen, schon gar nicht mit jemandem, der nicht so richtig meine Sprache spricht. Wie der Teufel es will, passiert das Unerklärliche: Ich drehe am Zündschloss, wende den Wagen, während das Getriebe bei meinem Schaltversuch lautstark knirscht. Ich lasse diesen Landwirt einfach links liegen. Dann fahre ich wieder abwärts, umklammere die Handbremse und bete inständig um ausbleibenden Gegenverkehr. Als ich wieder eine vertraute Ebene unter mir fühle und sicher am rechten Straßenrand halte, schaue ich mich selbst entgeistert im Rückspiegel an. Herrgott noch mal, was war denn das jetzt? Bin ich irre? Ich fahre fünfzig Kilometer ins Altmühltal zu diesem Schuldner, benehme mich wie eine Geisteskranke und haue einfach so wieder ab? Der Typ hat mich jetzt gesehen, da kann ich doch nie wieder hin, ohne mich vollständig zum Seppel zu machen! Ich hab sie ja wirklich nicht mehr alle! Das geht ja gut los. Ich nehme mein Notebook und schließe den Auftrag erfolglos ab – *Schuldner mehrfach nicht angetroffen.*

Verärgert über mich selbst, tippe ich das nächste Ziel in das Navi ein und schlucke. 21 Kilometer liegt das nächste Ziel entfernt. Ich ahne zu diesem Zeitpunkt noch nicht, dass meine Tagestouren künftig in einer Größenordnung von durchschnittlich 350 Kilometern Fahrweg liegen werden. Das mir zugewiesene Gebiet umfasst einen riesigen Teil von Bayern, ich freue mich auf diese neue Aufgabe. Meine Vorstellung davon, hier in Süddeutschland zu arbeiten, ist, wie Urlaub machen. Mein Arbeitsbereich verläuft bis an den Alpenrand, hier sieht die Welt bestimmt noch anders aus, man sagt doch immer, die Leute hier hätten noch richtig Geld. Hier wird es sicher leichter sein zu arbeiten als in Berlin-Neukölln.

In meinen Gedanken hüpfe ich mit geflochtenen Zöpfen barfuß über Almwiesen an Milchkannen und braunen Kühen vorbei, die dicke Glocken um den Hals tragen. Die Leute lachen und winken mir mit Geldscheinen in den Händen entgegen, wenn ich die Wege entlangkomme, einen großen Geldsack aus Jute geschultert. Bei uns im Emsland sind die Kühe übrigens überwiegend schwarz-weiß, in Bayern hingegen sind sie braun. Als ich ein Kind war, erklärte mir mein Großvater, die schwarz-weißen Kühe gäben Milch und die braunen Kühe Kakao. Ich ärgerte mich damals sehr darüber, dass bei uns nur die schwarz-weißen zu Hause waren.

Mein nächstes Ziel ist ein 26-jähriger Mann mit deutscher Herkunft, mein Job ist eine Fahrzeugsicherstellung aus einer schiefgelaufenen Finanzierungsangelegenheit. Ich fahre in ein kleines Dorf am Rande von Ingolstadt, direkt an die Autobahn. Während ich mein Auto am Straßenrand parke, halte ich Ausschau nach dem gesuchten Fahrzeug. Auch das dürfte ja hier eigentlich nicht so schwierig sein, denke ich hoffnungsvoll. Vor mir parkt ein Skoda, der mich nicht interessiert, sonst ist weit und breit kein motorisiertes Gefährt zu sehen. Ich bereite mich kurz vor und checke die Unterlagen, dann laufe ich strammen Schrittes auf ein kleines Einfamilienhaus zu. Im Garten liegen verrottete Holzteile, außerdem gibt es ein Kindertrampolin, bei dem das Schutznetz in Fetzen runterhängt sowie diverses anderes Spielzeug, das aussieht, als wäre es lange nicht benutzt worden.

Eben will ich den Klingelknopf drücken, als ein Mann die Tür von innen öffnet und mich durch eine Brille ansieht, die viel zu weit vorne auf der Nase sitzt. Er trägt ein Klemmbrett unter dem Arm und zuckt kurz zusammen, als er mich so unerwartet vor sich sieht.

„Nicht erschrecken!", sage ich und trete einen Schritt zurück. Der Mann möchte offensichtlich gehen und verabschiedet sich von einem jüngeren Herrn mit langen, strähnigen Haaren und einem ausgeleierten Rollkragenpullover. „Pfiad Eana, Herr Federer, bis boid amoi", sagt der Brillenmann und geht lächelnd die Verandastufen an mir vorbei in Richtung Straße.

„Huch, fliegender Wechsel", sage ich freundlich und schaue mein Gegenüber an, „Sie sind der Herr Federer, ja? Ich bin die Frau Böker." Mir fällt auf, dass ich bei Schuldnergesprächen immer Artikel vor die Namen setze, was grundsätzlich völlig albern ist. Komischerweise bin ich beruflich die Artikelfrau, auch am Telefon oder an der Türsprechanlage sage ich: Hier ist die Frau Böker. Und: Ich hätte gern den Herrn Sowieso gesprochen. Albern, eine Marotte. In Pädagogenfamilien, da geht so was. Da heißt es dann: Was hat die Mami dir gesagt? Und: Geh mal zu dem Papi. Oder: Der Sören, der war ungezogen. Aber doch nicht beim Geldeintreiben, da fühlen die sich ja veräppelt.

Herr Federer nickt mutlos. „Griasgood", sagt er und bittet mich herein, als hätte er mich erwartet und wüsste bereits, worum es geht. Als ich es ihm trotzdem erkläre und erläutere, er könne durch Zahlung verhindern, dass ich ihm das Auto wegnehme, schüttelt er mit dem Kopf und sagt: „Mir ham ka Gäid, mir kenna nix zoin, unmegli. D' Mo gerade an d'Dia, das wa d' Gerichtsvoizieha, da hod aa nix gefundn." „Ach so?" Wenn ich es richtig verstanden habe, habe ich dem Gerichtsvollzieher gerade die Türklinke in die Hand gegeben. Herr Federer erklärt mir seine Vermögenssituation und ich habe ein Déjà-vu. Dieselbe Leier wie in Berlin, nur verstehe ich hier lediglich die Hälfte. Ich komme mir fast vor wie ein Austauschschüler, während ich ihm gegenübersitze und angestrengt seinem Dialekt lausche. Zum Glück zeigt der Mann Geduld und nach einer Weile habe ich registriert, dass das Auto bei einem Freund in der Garage steht, unangemeldet und unversichert. Es lässt sich also lediglich auf Fremdachse abtransportieren. Wir vereinbaren für die kommende Woche dort einen Sicherstellungstermin. Während unseres Gesprächs rennen vier Kleinkinder mit verschmierten Mündern schreiend um uns herum. Sogar Kindergeschrei findet hier auf Bayerisch statt, stelle ich erstaunt fest.

Ich bin auf dem Weg zur Tür, als erneut die Türglocke klingelt. Herr Federer öffnet, ich stehe neben ihm und wir schauen gemeinsam auf den groß gewachsenen, breitschultrigen Mann, der uns gegenübersteht. „Servus, Hauptzoiamt, i komm wegn Ihre Schuldn beim d'Arwadsamt wegn HartzVia", sprudelt er los. „Oh, hier herrscht ja reges Treiben, dann erstmal bis nächste Woche, tschüss." Ich drücke

Herrn Federers feuchte Hand. „Pfiaddi!", ruft er hinter mir her.

So viel zu der Annahme, in Bayern hätten die Menschen größeren Reichtum zu verzollen als sonst wo.

Schuldneratlas 2013

„**Beinahe jeder zehnte Deutsche ist überschuldet.** [...] Die Überschuldung von Privatpersonen stagniere und das spiegele sich auch in zehn der 16 deutschen Bundesländer wider, heißt es in dem Bericht. Hier beträgt die Abweichung zum Vorjahr nicht mehr als 1000 Schuldner, gibt Creditreform an. Die Schuldnerquote betrug im vergangenen Jahr noch 9,65 Prozent, 2013 sind es 9,81 Prozent. [...] Wie in den Jahren bis 2010 bleiben nur vier Bundesländer, nämlich Bayern (7,0 Prozent Schuldnerquote), Baden-Württemberg (7,9 Prozent), Thüringen (8,9 Prozent) und Sachsen (9,0) unterhalb der Schuldnerquote für ganz Deutschland. Hessen bleibt mit einer Quote von 9,9 Prozent auf Platz fünf. Die Schlusslichter bilden wie in den Vorjahren Bremen (13,9 Prozent), Berlin (13,1 Prozent) und Sachsen-Anhalt (12,4 Prozent). Diese drei Bundesländer verschlechtern sich nach Berechnungen von Creditreform hierbei überdurchschnittlich. Das bevölkerungsreichste Bundesland Nordrhein-Westfalen hat eine Schuldnerquote von 11,3 Prozent und liegt damit vor Sachsen-Anhalt auf dem viertschlechtesten Rang."[7]

---

[7] Zit. nach FOCUS Online vom 06.11.2013: Beinahe jeder zehnte Deutsche ist überschuldet
www.focus.de/finanzen/news/tid-34524/erschreckende-bilanz-fast-jeder-zehnte-deutsche-ist-ueberschuldet_aid_1150146.html
Seitenaufruf am 21.08.2014

KAPITEL 20

Es ist Dienstagvormittag, ich bin um elf mit Frau Häuseler verabredet, die wohnt in einem wunderschönen kleinen Ort in Oberbayern, direkt an der Donau. Ich gewöhne mich schnell daran, hier im Süden zu arbeiten, auch wenn die Gegensätze zu meiner Arbeit in Berlin riesengroß sind. Ich genieße die langen Fahrten durch Gegenden, die bislang für mich lediglich für den Urlaub bestimmt waren. Während der ersten Monate markiere ich auf der elektronischen Landkarte meines Smartphones häufig Fleckchen in der Landschaft, um später noch mal mit Carsten herzufahren und ihm diese zu zeigen, so wunderschön ist es dort.

Heute bin ich früh dran, ich habe noch 35 Minuten Zeit bis zu meinem Termin mit Frau Häuseler. Zeit genug, ein Café direkt an der Donau anzufahren und mich vorzubereiten. Ich nehme meine Sonnenbrille aus dem Handschuhfach, schnappe mir meinen Koffer und setze mich unter einen riesigen gelben Sonnenschirm. Fünf Minuten später schlürfe ich an meinem Cappuccino und beobachte Touristen beim Check-in für eine Donauschifffahrt.

Mein Notebook piept und erinnert mich so an den bevorstehenden Termin in zwanzig Minuten. Ich klappe es auf und checke den Vorgang. Frau Häuseler ist 48 Jahre alt, ich versuche mich an unser Telefonat vor drei Wochen zu erinnern, in dem wir uns für heute zu einer Barzahlung von 540 Euro verabredet haben. Soweit ich mich besinne, gab es in diesem Gespräch eine harte Nuss zu knacken. Frau

Häuseler beharrte unerschütterlich auf der Unrechtmäßigkeit der Forderung, ich musste sie langatmig rechtlich aufklären und ihrer Zahlungsbereitschaft nachdrücklich mit den möglichen Konsequenzen auf die Sprünge helfen. In meinen Kalender habe ich mir zusätzlich den Vermerk *Pünktlich sein, Ehemann darf nichts mitkriegen* eingetragen.

Na hoffentlich hat die den Zaster auch parat, denke ich, als das Telefon klingelt. Bevor ich mich melden kann, schmettert es aufgeregt los: „Do ist Frau Häuseler, griass Eana!" „Servus", erwidere ich seufzend und stelle mich auf eine kurzfristige Terminabsage ein. Wahrscheinlich präsentiert sie mir jetzt eine atemberaubende Geschichte mit einem Wahrheitsgehalt gleich null, um sich vor der Zahlung zu drücken.

Aber Frau Häuseler hat andere Absichten, sie plappert derartig schnell, dass ich Mühe habe, sie zu verstehen. Ob ich schon in der Nähe sei, ich wisse doch, ihr Mann dürfe nichts von dieser Sache erfahren und der komme bald von der Frühschicht, dann müsse die Sache über die Bühne gegangen sein. „Kein Problem, ich bin in fünf Minuten da!", verspreche ich, lege 3 Euro für den Kaffee auf die Untertasse und spaziere mit großen Schritten zum Auto.

Fröhlich parke ich in der Einfahrt eines gepflegten Einfamilienhauses an einem Berghang, ziehe die Handbremse an und spute zur Eingangstür, in der Frau Häuseler bereits wartet. Statt einer Begrüßung winkt sie mich eilig herein und blickt schnell noch links und rechts die Straße runter, bevor sie die Tür schließt und vor mir her in die Küche läuft. Ihr Hinterteil schwenkt ausladend, es sieht aus wie aufgeklebt oder wie ein Gepäckstück, das sie sich dort angeschnallt hat. Wahnsinn.

„Sie haben es aber wunderschön hier, die Gegend ist ja zauberhaft!", sage ich. Ich meine es ernst, ich befinde mich in einer kleinen Wohnsiedlung mit nur ein paar wenigen Anwesen, jedes einzelne von Bäumen umringt, quasi mitten im Wald. Der Landstrich ist atemberaubend schön.

Auf dem Küchentisch liegen hübsch gefächert 540 Euro in Scheinen, na das läuft ja streifenfrei.

„Schnäi, schnäi, mei Mo kummt glei!!", hetzt sie mich. Ich setze mich auf einen Holzstuhl, greife nach meinem Quittungsblock und schreibe, so schnell ich kann. „Wir hätten das auch an einem anderen Tag erledigen können", schwatze ich, um die Stille zu überbrücken. Aber der Riesenhintern erinnert mich streng daran, dass sie ja morgen eine Operation an der Hand habe und dann erstmal zwei Wochen unpässlich sei. Das habe sie mir doch am Telefon schon erzählt. Ich erinnere mich dunkel und sage lächelnd: „Ach, stimmt, ist ja auch wurscht jetzt, wir haben es ja gleich geschafft. Unterschreiben Sie mal hier unten in der Mitte, soll ich Ihnen das noch kurz erklären?" „Naa", spricht Frau Häuseler und schüttelt den Kopf. „Dann greife ich hier mal zu!" Ich schiebe das Geld zu einem Bündel zusammen, klopfe einmal damit auf dem Tisch und zähle in Windeseile nach.

Plötzlich springt das Hinterteil überraschend wendig vom Stuhl auf und rennt zur Tür. Wir hören, wie ein Auto vorfährt.

Dann geht alles ganz schnell, unser friedliches Beisammensein eskaliert binnen Bruchteilen von Sekunden. Der Hintern schreit mich an, ich müsse sofort weg, durch die Küchentür in den Garten! Sie verfällt in regelrechte Panik, ungestüm rennt sie zur Tür und reißt sie auf. Ich werde augenblicklich von ihr angesteckt und bekomme eine Heidenangst. Was ist denn jetzt los?

„Mei Mo! Mei Moooo!", raunt sie, ihre Stimme ist eine Mischung aus Flüstern und Schreien. „Ja, aber wo soll ich denn hin?", rufe ich und fühle mich wie gelähmt. Die Situation ist völlig widersinnig, aber was weiß ich denn schon, was der Herr Häusler für eine Kreatur ist.

Der Terrassen-Po schreit mich an, ich solle rennen, über die Veranda, dann den Gartenweg entlang ganz nach hinten, wo ein Jägerzaun das Grundstück vom Wald abgrenze. Wenn ich über den Zaun springe, sei ich inmitten von Nadelbäumen, dort sehe mich keiner und ich könne durch den Wald zurück zur Straße gehen.

Ich denke keine Sekunde nach und sprinte los, wie eine Geisteskranke hechte ich geduckt über das Grundstück, in der einen Hand meinen Koffer und den aufgeschlagenen Laptop, in der anderen Hand das Bündel Geldscheine. Versehentlich bleibe ich im Sprint mit der Schulter an einer Wäschespinne hängen, ein kariertes Holzfällerhemd segelt zu Boden. Ich werfe einen Blick über die Schulter, es ist niemand zu sehen, schnell ergreife ich das Kleidungsstück und werfe es in Richtung Leine. Dann erreiche ich hechelnd den Zaun, drücke das Knäuel Scheine in meine Hosentasche, beuge mich über das Holz und schmeiße Koffer und Laptop ins Gebüsch auf der anderen Seite. Ungelenk klettere ich dann selbst über den Zaun, ziehe den Kopf ein und verschwinde zwischen dichten Büschen. Ich setze mich kurz auf einen Baumstumpf, um zu verschnaufen und um mein Zeug ordentlich zu verstauen. Das war ja wohl wirklich extrem bescheuert.

Ich schlage mich durch das dichte Geäst und finde die Straße etwa hundert Meter weiter rechts. Dort verharre ich erneut kurz und klopfe mir Tannennadeln und Moos von Jacke und Hose.

Von Weitem sehe ich mein Auto in der Auffahrt des Häuseler-Hauses stehen, dahinter steht ein anthrazitfarbener Audi. Ach du liebe Güte, Herr Häuseler hat mich zugeparkt. Dann sehe ich das Hinterteil mit ihrem Mann neben meinem Auto, sie unterhalten sich angeregt, während Herr Häuseler seine Siebensachen vom Rücksitz des Autos holt. Seine Frau erblickt mich und winkt mir zu. „Huhu!", ruft sie, als wäre nichts gewesen. Ich winke lächelnd zurück und warte beklemmt darauf, was mich erwartet. „Servus!", rufe ich, Herr Häuseler streckt mir bereits die Hand entgegen und lacht mich an.

Der Hintern stellt mich vor. „Des is Frau Böker, mei Narkoseärztin", sagt sie, ihr Blick durchbohrt mich vielsagend. Unmittelbar darauf fragt mich Herr Häusler, ob für morgen alles geklärt sei und wie lange die OP dauern würde. Ich bin wie vor den

Kopf geschlagen. Das schlägt dem Fass den Boden aus. Ich bin jetzt also die Anästhesistin! Die angespannte Lage muss bei dem Monsterpopo einen geistigen Plattfuß verursacht haben.

Ich nicke freundlich nach links und rechts, dann wieder nach links. Ich überlege nicht, ich bin vollkommen überfordert. „Jaja", sage ich, „jaja." Herr Häuseler scheint diese Konstellation völlig normal zu finden und nickt ebenso. Wenn er mich jetzt fragt, warum ich mit Sack und Pack aus dem Waldweg komme, fällt das Kartenhaus zusammen. Ich habe keine Erinnerung mehr daran, wie ich dieses abwegige Gespräch geführt und beendet habe. Irgendwann schüttle ich Hände und setze mich ins Auto. Herr Häuseler parkt um und lässt mich aus der Ausfahrt entkommen.

Ich rufe meine Kollegin Ingrid an. „Halt dich fest", sage ich, „halt dich bloß fest!"

KAPITEL 21

Venedig

Unsere Ferien verbringen wir meistens mit einem Zweimannzelt in Österreich oder Italien, seit wir in Bayern wohnen. Urlaubstechnisch ist bei mir seit meiner Kindheit irgendwie die Zeit stehen geblieben. Nach wie vor pendeln wir mit unserem kleinen Igluzelt von Campingplatz zu Campingplatz, bleiben einfach, wo es uns gefällt und genießen die Natur. Ich kann von Glück sprechen, dass Carsten diese Art zu Reisen genauso begeistert wie mich. Im Morgengrauen vor dem Zelt zu sitzen, auf einem dreibeinigen Klappstuhl, vor uns einen kleinen Gaskocher und eine Packung Instantkaffeepulver, das ist für uns der Inbegriff der Erholung.

Wir relaxen gerade bei einem Spaziergang durch Arco, ein kleines Städtchen in der Nähe des Gardasees, als mir auffällt, dass mir ein Ring fehlt. Keine Kostbarkeit, ein schlichter, alter Silberring, den ich mir selbst mal gekauft habe. Dennoch ist es ärgerlich, zumal ich abends immer meinen Schmuck sorgfältig in die seitliche Innentasche des Zeltes lege, damit so was eben nicht passiert. Nun, weg ist weg, ich denke nicht weiter darüber nach. Wir sind auf der Suche nach einem schattigen Café, um uns einen Cappuccino zu gönnen. Vor einer alten Kirche werden wir fündig, gelbe Sonnenschirme locken uns an die kleinen runden Metalltische. Carsten hält plötzlich inne und sagt, ich solle schon mal vorgehen und die Getränke bestellen, er komme sofort nach. Er hält eine Zigarettenschachtel in die Luft. Aha, er will Nachschub besorgen, denke ich und setze mich auf einen der Miniaturstühle, nicht höher als die Sitzgelegenheit eines Drittklässlers in der Grundschule. Grazil sieht das sicher nicht gerade aus, wenn eine kernige Frau wie ich auf so einem Schemel hockt, da will ich auch gleich Carsten drauf sehen, denke ich schmunzelnd.

Eine Kaffee- und eine Wasserlänge später ist Carsten noch nicht da. Ich bin stinksauer und beginne mir langsam Sorgen zu machen. Woher soll ich auch wissen, dass er gerade mit meinem kürzlich verlorenen Ring als Muster in einem Fachgeschäft einen Verlobungsring für mich besorgt.

Als er abgehetzt an meinem Tisch erscheint, erzählt er mir was von einer Toilettensuche. Wütend blättere ich in der Eiskarte. Als ob dieses Café kein Klo hätte.

Carsten trinkt seinen kalten Cappuccino und hat plötzlich die Idee, einen Abstecher nach Venedig zu machen, ob ich Bock habe. Klar habe ich Bock wie Sau, aber das ist ein ziemlich großer Abstecher und mein Dienstwagen, den ich auch privat nutzen darf, pfeift seit zwei Tagen auf dem letzten Loch. Ach, das geht schon, meint Carsten. Na dann hurra!

In Venedig angekommen, will Carsten direkt ins Zentrum, obgleich es schon 18 Uhr ist und wir noch keinen Campingplatz gesucht haben. Außerdem haben wir noch nichts fürs morgige Frühstück eingekauft. Ich bin wieder sauer. Carsten ist hartnäckig, nimmt Befehlston an und setzt sich durch, indem er mir eine spontane Hotelnacht zwischen den Canali der Stadt in Aussicht stellt. Versöhnlich lenke ich ein, das klingt wirklich romantisch.

Zum Glück sind wir uns einig, dass wir eine Gondelfahrt mit singendem Adonis peinlich finden. So sitzen wir kurz vor Mitternacht vor einem kleinen Hotel, trinken Rotwein und genießen die zauberhafte Stadt. Nach zweieinhalb Gläsern muss ich aufs Klo und verschwinde beschwingt im Lokal. Als ich zurückkomme, liegt ein kleines silbernes Kästchen neben meinem Rotweinglas. Jäh fällt der Groschen bei mir mit Gewalt. Der spontane Trip nach Venedig, mein verlorener Ring ... Ich muss sofort heulen und Carsten beginnt, mir die Frage aller Fragen zu stellen. Nach drei Wörtern und einem vorangehenden Räuspern steht jedoch schlagartig der Ober am Tisch und räumt fröhlich summend zwei leere Wassergläser von unserem Tisch. Carsten beginnt von vorn, er räuspert sich erneut, während mir die Freudentränen übers Gesicht laufen. Kaum sind die ersten Worte über seine Lippen, steht blitzartig der Kellner abermals am Tisch und wechselt den Aschenbecher aus. Herrschaftszeiten! Carsten stottert erneut los, inzwischen merklich zerstreut, da steht ein Bettler an unserem Tisch, hält uns das zerknitterte Bild eines kleinen Jungen unter die Nase und fragt nach Kleingeld. Mein sonst so gutmütiger Zukünftiger verliert die Fassung, er herrscht ihn unwirsch an und verjagt den armen Kerl derartig schroff, dass er gar nicht weiß, wie ihm geschieht, und schleunigst das Weite sucht.

Aber dann habe ich den Ring am Finger. Funkelnde aneinandergereihte Silberperlen leuchten fein geschliffen im Kerzenschein an meiner Hand. Wie bestellt steht binnen Sekunden eine Dreimannkombo mit Quetschkomode und Ukulele vor unserem Tisch und spielt „My way" von Sinatra. Ein Rosenverkäufer erkennt die Situation und legt lächelnd eine rote Rose auf unseren Tisch. Wir stoßen mit dem teuersten Grappa unseres Lebens an.

Ich mache die ganze Nacht kein Auge zu. Ich bin verlobt und es fühlt sich gut und richtig an. Die Klimaanlage im Hotel lässt sich nicht regulieren, ich friere und lausche zitternd dem leisen Schnarchen meines Zukünftigen. Ich bin angekommen. Carsten, Bayern, mein Erfolg im Beruf, das alles ist mein Zuhause.

KAPITEL 22

Ich bin auf dem Weg durch das bildschöne Altmühltal und beobachte im Rückspiegel das Auto hinter mir. Der Fahrer gestikuliert wild am Steuer und schüttelt den Kopf, ich fahre ihm zu langsam. Das passiert mir ständig, mit den genervten Reaktionen auf meinen vorsichtigen Fahrstil muss ich leben. Ich bin schließlich im flachen Land groß geworden, hier in Bayern kommt es mir noch immer eng und schlecht einsehbar vor. Für die Menschen, die hier groß geworden sind und auf diesen Straßen das Autofahren gelernt haben, bin ich die reinste Wegschnecke. Ich erinnere mich an meine Fahrschulzeit. Wir hatten in unserem Heimatort eine einzige Stelle, an der man die Anfahrt an der Steigung lernen konnte. Das war in der Nähe des alten Gymnasiums, von dem ich mit 15 wegen Aufmüpfigkeit flog. Die Schule wurde von Nonnen geführt, sogenannte Arbeitsnonnen. Als die mich dort nicht mehr wollten und ich die Schule wechseln musste, lernte ich im Nachhilfekurs meine heutigen Freunde kennen, ich werde diesen Frauen Gottes dafür immer dankbar bleiben.

Dort an der alten Penne haben jedenfalls sämtliche Fahrschulen der Stadt das Prozedere der Anfahrt am Berg mit ihren Schülern geübt, weil es keine andere Möglichkeit gab. Wirklich tauglich für die bayerischen Berge hat mich das allerdings nicht gemacht.

Während ich in meinen Zielort einfahre, lasse ich mir die beiden Aufträge durch den Kopf gehen, die ich in dieser Gegend zu erledigen habe. Zuerst möchte ich einen 20-jährigen Jungen besuchen, der einen beträchtlichen Schuldenberg aus einem Handyvertrag mit sich trägt. Ein Überraschungsbesuch, hoffentlich habe ich den weiten Weg nicht umsonst zurückgelegt. Im Anschluss daran werde ich bei einer jungen Frau mit Mietrückständen von etwa sechs Monaten vorsprechen. Dort geht es darum, zu verhindern, dass sie aus ihrer Sozialwohnung fliegt. Oder darum, ihren Rausschmiss zu beschleunigen, das werde ich sehen.

Ich stelle mein Auto in einer Seitenstraße des kleinen Dörfchens ab und schleppe mich eine Anhöhe hinauf, auf der ein vierstöckiges Gebäude steht. Hier wohnen schätzungsweise 16 Mietparteien, ein ungewöhnlich großes Haus für den kleinen Ort, die Grünanlagen sehen ganz anständig aus, die Klingelanlage ebenso. So schlimm wird es vermutlich also nicht werden. Ich drücke wie gewohnt mit dem Kugelschreiber den Klingelknopf und warte.

„Ja, hallo? Jonas Eder hier", ertönt es aus dem kleinen Lautsprecher. Ich beuge mich zur Sprechanlage vor, um den Grund meines Besuchs nicht schreien zu müssen. „Kommen Sie bitte hoch, zweite Etage!" Kein Meckern, kein Widerspruch, ich bin angenehm überrascht und steige die Treppen hinauf. Im zweiten Stock steht eine Wohnungstür weit offen. Eder steht in einem kleinen Kästchen neben dem Türrahmen, hier bin ich richtig.

„Hallooo?", rufe ich in den Eingang hinein. „Ja, kommen Sie doch rein!", ruft es zurück. Ich begebe mich in eine kleine, spärlich eingerichtete, aber ordentliche Zweizimmerwohnung. Herr Eder ist dabei, noch schnell eine Decke zusammenzufalten und hält mir sodann die Hand hin. „Setzen Sie sich bitte!", sagt er und deutet auf einen Sessel.

Ich lasse mich fallen und frage: „Sie kommen aber nicht von hier, oder? Sie sprechen ja gar keinen Dialekt!" Herr Eder lacht: „Nee, ich komme aus Essen." Er sieht etwas älter aus als zwanzig, in der unteren Reihe fehlen zwei Zähne, aber er wirkt durchaus sympathisch. Sein blondes Haar steht strubbelig vom Kopf in alle Richtungen ab, möglicherweise habe ich ihn aus einem Mittagschlaf gerissen.

Ich komme zur Sache und erläutere ihm ein paar Details zu der offenen Forderung und was gegebenenfalls auf ihn zukommen könnte. Er hört aufmerksam zu und nickt zwischendurch besonnen. Als ich fertig bin, greift er auf den Couchtisch zu einem Ordner, der dort liegt, als gehörte er zur täglichen Lektüre. „Ich habe sehr viele Schulden, insgesamt sind es jetzt noch ungefähr 30.000 Euro. 20.000 habe ich bereits abgebaut, ich weiß nicht, wie ich jetzt noch eine Rate aufbringen soll, ich zahle schon so viel. Im Juli läuft eine Ratenzahlung bei einem anderen Gläubiger aus, dann könnte ich 50 Euro an Sie bezahlen."

Er blättert nachdenklich in dem Ordner. „Möchten Sie mal sehen?" Er schiebt mir die Akte rüber und präsentiert mir eine säuberliche Gläubigerliste, fein sortiert mit sämtlichen Mahn- und Vollstreckungsunterlagen.

„Hmmmmm", gebe ich von mir und überlege, wie ich strategisch nun am besten vorgehe.

„Da ist ja ganz schön was zusammengekommen, mein lieber Schwan", sage ich. Daraufhin beginnt Herr Eder zu erzählen.

Er berichtet von einer tragischen kriminellen Vergangenheit als Jugendlicher im Ruhrgebiet. Er wurde als 14-Jähriger erstmalig straffällig, brach die Schule ab und verbrachte mehrere Jahre aus verschiedenen Gründen in Jugendstrafanstalten. Mit 16 war er bereits drogenabhängig, prostituierte sich, wurde mehrfach wegen Körperverletzung, Dealerei und Raubüberfällen vorbestraft. Was auch immer der Staat oder seine Eltern probierten, um ihm zu helfen, es scheiterte. Seine Familie übernahm immer wieder große Teile seiner Schulden, besuchte Therapien mit ihm und unterstützte ihn moralisch, egal, wie sehr sie seine Geduld strapazierten. Seinen 18. Geburtstag feierte er in einer therapeutischen Einrichtung beim Drogenentzug.

Wie gebannt hänge ich an seinen Lippen und kann nicht glauben, was man in so jungen Jahren schon alles durchlebt haben kann. Vor allen Dingen überrascht mich die Tatsache, diesen jungen, freundlichen Mann vor mir zu sehen, der so gar nicht in diese Geschichte passt.

„Dann retteten mir meine Eltern doch noch das Leben", fährt er fort. „Ja, aber wie denn?", frage ich gefesselt. Ich bin erstarrt vor Spannung und erstaunt darüber, mit welcher Selbstverständlichkeit er die Geschichte seines jungen Lebens erzählt.

Er berichtet von einem letzten Treffen mit seinen Eltern vor drei Jahren, er nennt es lächelnd die Begegnung der Kapitulation seiner Eltern. Unter Tränen teilten sie ihm mit, sie gäben ihm eine letzte Chance.

Ich beuge mich auf dem Sessel vor, mein Mund ist staubtrocken.

„Meine Eltern reichten mir Unterlagen von diesem kleinen Ort hier in Bayern, mehr als fünfhundert Kilometer von zu Hause weg. Sie hatten bereits ein Zimmer in einer Einrichtung für betreutes Wohnen reserviert. Sie hatten außerdem einen Job für mich bei einem Schafhirten, der junge Kriminelle mit auf seine tagelangen Touren nimmt und zum Nachdenken zwingt."

„Bei einem Schafhirten?" Ich lasse den Mund offen stehen. „Ja, genau. Ich dachte auch zuerst, die verarschen mich. Ich hab gelacht und einen Teller zertrümmert und wollte aus dem Haus meiner Eltern verschwinden, aber sie hatten alles abgeriegelt und zwangen mich, ihnen zuzuhören. Sie sagten mir, ich könne jetzt handgreiflich gegen sie werden oder die Inneneinrichtung zerstören, aber ich würde ihnen dieses eine Mal noch zuhören müssen. Sie setzten mir ein Ultimatum und gaben mir zu verstehen, dass ich sofort, noch am gleichen Tag aufbrechen und diesen Schritt tun müsse. Sofern ich mich weigern würde, erfolge sofort der Abbruch jeglichen Kontaktes. Sie entsagten mir jede finanzielle Unterstützung, verlangten die sofortige Abgabe des Schlüssels für mein Elternhaus. Sie gaben mir nachdrücklich zu verstehen, dass sie nie mehr Kontakt zu mir haben wollten, sofern ich nicht abreise. Ich solle es dann nie mehr wagen, sie um Hilfe zu bitten. Sollte ich mich aber dazu entschließen, diesen

Weg in die Provinz zu gehen, würden sie drei Monate lang mein Zimmer zahlen. Sie gaben mir dann ein Handy und sagten mir, sie würden sich bei mir melden, sobald sie es für richtig hielten. Meine Eltern sowie Großeltern hatten die Nummern ihrer Telefone geändert und weigerten sich, sie mir mitzuteilen. Sie setzten mir das Messer auf die Brust und stellten mich vor die Wahl. Entweder ich ergriffe meine letzte Chance oder ich sei nicht länger ihr Sohn."

„Und was dann?", frage ich und muss schlucken.

„Naja, wie Sie sehen, sitze ich hier. Damals habe ich zuerst getobt und geschrien. Ich glaube, ich begriff das nicht richtig. Tja, und mir blieb ja nicht viel Zeit, darüber nachzudenken. Was passierte, wurde mir erst viel später bewusst, hier in Bayern, beim Schafescheren." Er lächelt schelmisch. „Was soll ich sagen, ich arbeite noch immer bei dem Schafhirten, helfe dort ab und zu aus. Hauptsächlich arbeite ich jedoch in einer Schreinerei im Nachbarort und verdiene inzwischen so viel Geld, dass ich meine Schulden seit über einem Jahr abbauen kann. Im vergangenen Jahr habe ich in einer Abendschule meinen Abschluss nachgemacht. Außerdem habe ich eine Freundin gefunden, mit der ich jetzt hier wohne. Ich bin seit fast drei Jahren hier, will nie mehr zurück in den Ruhrpott, auch wenn das hier der Arsch der Welt ist. Meine Eltern haben mich vor sechs Monaten zum ersten Mal angerufen und waren sogar einmal hier zu Besuch."

Er sieht mich zufrieden an. Ich bin schwer beeindruckt und sehe ihn bewundernd an. „Sie haben meinen größten Respekt", sage ich aufrichtig.

Herr Eder beginnt zwei Monate später, einen Vergleich mit einem dreißigprozentigen Schulderlass ratenweise bei mir abzuzahlen.

KAPITEL 23

Der nächste Schuldner führt mich zwanzig Kilometer weiter in ein etwas größeres Städtchen in der Nähe von Nürnberg. Ein Folgebesuch bei der erwähnten Dame mit den Mietrückständen. Bei ihr habe ich bereits vor einer Woche eine Benachrichtigungskarte hinterlassen, weil sie mir die Tür nicht öffnete, obwohl ich sie hinter der Tür hören konnte.

Den Straßenzug kenne ich bereits wie meine eigene Westentasche, es handelt sich um Wohnblöcke, in denen sozial schwache Mieter günstig wohnen können. Den Großteil der Mieten zahlt hier zuverlässig das Jobcenter.

Es dauert nicht lange, bis ich jeden zweiten Anwohner dieser Blöcke aus den verschiedensten Forderungsgründen kenne.

Ich schnappe mir meinen Kugelschreiber und klingle direkt Sturm, ich versuche es erst gar nicht auf die höfliche Art. Die Schuldnerin weiß aufgrund meiner Benachrichtigung, dass ich komme, sofern sie jetzt nicht öffnet, kann ich eine Zwangsräumung auch nicht mehr verhindern. Von der Straße aus registriere ich bereits mehrere beschlagene Fenster und Müll auf den Fensterbänken. Die Haustüren stehen in diesen Blöcken grundsätzlich offen, auf den Gehwegen sitzen meistens Anwohner mit Bierflaschen auf kaputten Stühlen.

Ich durchquere das Treppenhaus und laufe direkt zur betreffenden Wohnung. Die Tür öffnet sich einen kleinen Spalt, erbärmlicher Gestank lässt mich zurückweichen. „Frau Dust? Ich bin die Frau Böker, Ihre Hausverwaltung schickt mich, lassen Sie mich bitte rein."

Der Gestank in den Räumen ist unerträglich. Was ich dort zu sehen bekomme, verschlägt mir den Atem. Mindestens drei ausgemergelte Katzen schleichen auf leisen Sohlen durch die Zimmer, der Fußboden ist bedeckt mit verfaulten Essensresten, Katzenscheiße und leeren Flaschen. Ich gehe in die Küche und suche einen Platz zum Sitzen, verwerfe meinen Plan jedoch vor lauter Ekel. Geschirr stapelt sich bis unter die Decke, die Luft ist zum Schneiden dick. Frau Dust ist laut meinen Unterlagen 28 Jahre alt, ihre Haare hängen strähnig im Gesicht, auf den Unterarmen prangen Tätowierungen, die aussehen, als hätte jemand sie mit einem Kugelschreiber gewaltsam in die Haut gestochen. Ein Herz mit einem Kreuz darin, hinreißend ist das nicht gerade.

Ich starre sie wütend an. „Frau Dust, ich kann nicht glauben, was ich hier sehe. Ist das da Katzenkot an den Wänden? Wie kommt das dorthin?" „Jaaaaaa", erwidert sie, „ja ... nee, i hab letzte Nacht gearweid', i hab no net gschafft zu aufräume'." Ich ziehe die Augenbrauen hoch und versuche mich zusammenzureißen. Das ist nicht der Dreck von einer Nacht, den ich hier sehe. Ich muss hier raus, ich bekomme keine Luft. Zornig reiche ich ihr ein vorbereitetes Schreiben mit der Auflistung ihrer Rückstände sowie eine Auswahl meiner Lösungsmöglichkeiten und Hilfestellungen.

„Frau Dust, ich komme übermorgen um elf Uhr wieder. Bis dahin schaffen Sie hier bitte Ordnung.

Ich bin nicht bereit, zwischen diesen Müllbergen und bei diesem Gestank ein Gespräch mit Ihnen zu führen." Im Stehen lasse ich mir noch ihre Handynummer geben und hacke sie in mein Notebook. Dann verschwinde ich grußlos. Ich setze mich ins Auto und trage den neuen Termin wütend in meinen Kalender ein. Ich möchte diesen Vorgang gar nicht positiv lösen. Der Eigentümer der Wohnung sollte froh sein, wenn diese Mieterin verschwindet. Dennoch rufe ich einen Tag später noch mal bei Frau Dust an, heuchle Verständnis und beteuere wahrheitsgemäß, nur helfen zu wollen. Sie müsse diese Gelegenheit ergreifen, sonst sei sie kurzfristig obdachlos. Ich wäre durchaus bereit, sie zu möglichen Ämtern und Beihilfestellen zu begleiten, um die Kuh vom Eis zu bekommen. Frau Dust zeigt sich reumütig und versichert mir, sie würde sich um alles kümmern. Wir legen auf. Bevor diese Frau auch nur einen Cent zahlt, klatscht ein Einarmiger in die Hände. Auftrag ist Auftrag, denke ich und hoffe, zumindest ein paar brauchbare Informationen, sogenannte Mehrwerte, für den Gläubiger zu erlangen.

Zwei Tage später fahre erneut auf den Hinterhof der Sozialbauten und parke hinter zwei ausgeschlachteten Autokarosserien. Ich schaue in die erste Etage rauf und sehe die beschlagenen, vermüllten Fenster. Von außen hat sich nichts verändert. Ich schreite durch das Treppenhaus und klopfe energisch an die Wohnungstür. Keine Reaktion. Ich klopfe weiter, höre Geräusche von innen, werde aber ignoriert. Ich wähle die Nummer von Frau Dusts Handy und höre es hinter der Tür klingeln. Kurz darauf öffnet sich die Tür. Eine bekannte Dunstwolke weht mir entgegen.

„Hallo Frau Dust, kann ich reinkommen?", frage ich. Ich traue meinen Augen nicht, als ich die Räume betrete. Es hat sich nichts an dem Zustand der Wohnung geändert, im Gegenteil. Trotz meiner Katzenphobie weiß ich, dass diese Tiere zur extremen Sauberkeit neigen. Katzenkot an den Wänden und auf den Fensterbänken ist nach meiner Einschätzung ein Zeichen für Tierquälerei.

Ich ringe um Fassung. „Jetzt seien Sie mir mal nicht böse, Frau Dust, aber ich glaube, Sie wollen mich für dumm verkaufen! Ich mache jetzt mal Fotos von dieser Wohnung. Was glauben Sie wohl, was Ihr Vermieter zu denen sagt? Haben Sie mein Schreiben von vorgestern überhaupt gelesen? Was schlagen Sie mir denn vor, wie wir eine Zwangsräumung verhindern?" Frau Dust zeigt keinerlei Reue, sie zeigt nicht einmal den Ansatz einer Gefühlsregung. „Jetzt sage ich Ihnen mal was", fahre ich fort. „Ich bin mit meinem Latein am Ende. Wenn Sie weiter hier wohnen möchten, überlegen Sie sich bitte, ob Sie mit mir zusammenarbeiten möchten, und rufen Sie mich innerhalb einer Woche an." Ich drehe mich um und gehe. Auf dem Weg zum Auto stelle ich verärgert fest, dass ich im Zorn völlig vergessen habe, das vorgefundene Chaos zu fotografieren.

Ich fahre ohne Absprache eine Woche später noch einmal zu Frau Dust. Ein Nachbar sieht mich an der Tür, eilt herbei und sagt mir stolz, Frau Dust sei ausgezogen und habe die Schlüssel bei ihm hinterlassen, sie habe ihm aber keinerlei Anschrift oder

Telefonnummer gegeben. Ich versuche sie anzurufen, aber ihr Handy ist ausgeschaltet. Ich nehme die Schlüssel an mich und gehe in die Wohnung. Die Fenster in den Zimmern sind gekippt, dennoch ist der Gestank unbeschreiblich. Frau Dust hat die Wohnung so hinterlassen, wie ich sie am letzten Tag meines Besuches vorfand. Bloß die Katzen sind nicht mehr da. Ich überwinde meinen Ekel und begutachte die Räume einzeln. Im Schlafzimmer liegt eine fleckige Matratze auf dem Fußboden, beim genaueren Hinsehen bemerke ich darauf eine Art Bewegung. Verwundert zücke ich meinen Fotoapparat und trete näher an das vermeintliche Bett. Vor mir bildet sich eine grauenvolle Realität des Schreckens. Durch schmale Risse in der Matratze gleiten unzählige, fingernagelgroße Maden auf die Oberfläche. Ich schreie vor Abscheu auf, zwinge mich zu einem Foto und flüchte aus der Wohnung.

Dieser Arbeitstag ist für mich vorbei. Ich benötige eine heiße Dusche.

KAPITEL 24

Am Stadtrand von Augsburg bin ich um 15 Uhr mit einem Mann Anfang fünfzig in seiner Wohnung im fünften Stock verabredet. Während ich die Treppen hochkeuche, erinnere ich mich an unser erstes Treffen vor vier Wochen. Das komplette Inkassogespräch fand im Hausflur statt, daran entsinne ich mich gut. Als ich außer Atem vor seiner Wohnungstür stand, berichtete er mir von dem Leid seiner Familie, im vierten Stock ohne Aufzug zu wohnen. Mit drei kleinen Kindern ist das vermutlich wirklich nicht so einfach, da müssen ja auch Getränke und Lebensmittel ohne Ende hochgeschafft werden. Jedenfalls wollte er mich aus irgendeinem Grund nicht in die Wohnung lassen, sodass wir fast eine halbe Stunde lang im Treppenhaus diskutierten und ich letztendlich unsere Vereinbarung auf einem Treppenabsatz zu Papier brachte.

Es ist 15 Uhr und 20 Minuten, ich bin spät dran, aber ich habe den Schuldner bereits von unterwegs angerufen und meine Verspätung mitgeteilt. Alles okay, er würde auf mich warten. Ich bin beruhigt, er hörte sich an, als würde er sich an unsere Absprache halten und das Pulver bereithalten. Hier geht es um eine Stange Geld, wir vereinbarten eine Zahlung von 1140 Euro mit einem Restschulderlass von 450 Euro. Wenn das heute klappt, ist der Monat gerettet, dann überschreite ich eine höhere Provisionsgrenze und lade Carsten auf ein Wanderwochenende in den Alpen ein.

Atemlos komme ich auf der fünften Etage an und begrüße meinen Schuldner: „Hallo Herr Finke, puh, ich muss erstmal durchatmen! Wickeln wir das wieder hier draußen im Flur ab?" Er nickt mit dem Kopf, greift sofort in seine Gesäßtasche und hält mir ein Bündel Scheine hin. „Momentchen", sage ich, „behalten Sie es bitte noch kurz, ich schreib Ihnen erstmal die Quittung." Ich japse zweimal tief durch und gehe in die Hocke. Herr Finke schiebt mit dem Fuß eine leere Bierkiste in meine Richtung und kippt sie auf die Seite, damit ich sie behelfsmäßig als Tisch nutzen kann. Man sollte wirklich nicht glauben, die Leute würden Zahlungsvereinbarungen über solche Summen lieber in gepflegter Atmosphäre abwickeln. „Hat das mit dem Vergleich geklappt?", frage ich ihn und schaue von unten zu ihm rauf. „Haben Sie das Geld komplett da?" Herr Finke bleckt mich an. „Nadirlich", posaunt er, „s'is ja a guat's Gschäfd!" Ich kritzle so hübsch wie möglich meinen Erledigungsvermerk auf den Zettel: *Vorgang erledigt durch Vergleichszahlung.* Punkt. Ich erhebe mich, mein rechtes Knie knackt. Den Quittungsblock drücke ich gegen die Wand und reiße das obere Blatt entlang der Perforierung ab. Fein säuberlich lege ich es in seine Sichtweite auf die Bierkiste und halte die offene Hand hin, um den Betrag entgegenzunehmen und ihn nachzuzählen. Ein Fünfhunderter, zwei Zweihunderter und vier Einhunderter. Einen Hunderter gebe ich ihm direkt zurück „Da haben Sie's zu gut gemeint", lache ich. Ich bücke mich mit dem Geld in der Hand zu meinem Koffer und suche nach meinem Wechselgeld. Herr Finke reibt sich plötzlich das Kinn, ihm ist etwas eingefallen. Er sagt, er habe noch einen weiteren

Zweihunderterschein, jetzt gehe ihm durch den Kopf, dass man den im Alltag so schlecht los werde, und wenn es mir recht sei, würde er ihn lieber gegen die kleineren Scheine eintauschen.

Das ist natürlich kein Problem und wir tauschen Geldscheine in diesem Treppenhaus hin und her. Ich greife nach der Quittung, reiche sie ihm und verabschiede mich.

Im Auto überfällt mich ein eigenartiges Gefühl, auf dem Weg zur Bank wird mir immer unwohler. Ich fahre an den Straßenrand, schnappe den Geldbeutel aus dem Koffer und zähle nach. Es fehlen 300 Euro. Ich schnappe nach Luft und zähle noch zwei weitere Male nach. Es bleibt bei der Differenz. Das darf nicht wahr sein! Bei dem ganzen Hin und Her zwischen Tür und Angel habe ich vermutlich falsch rausgegeben.

Unruhig wende ich den Wagen und fahre zurück zum Schuldner. Hoffentlich ist er noch zu Hause! Meine Anspannung steigt von Minute zu Minute. Ich stürme durch die offene Haustür die Treppen hinauf und klopfe wie eine Verrückte an die Tür. Herr Finke öffnet sofort und grinst.

„Mensch, Herr Finke, entschuldigen Sie, ich kann mir das gar nicht erklären, aber da ist vorhin was schief gelaufen! Ich habe Ihnen zu viel Geld rausgegeben, können Sie schnell noch mal nachsehen? Es waren 300 Euro zu viel!"

Ich ringe nach Luft. Herr Finke zieht seine Schultern bis an die Ohren und sieht mich ahnungslos an. Dann hält er mir wie in Zeitlupe die Quittung vor die Nase und lächelt wissend. „I wois nix davo! Schmarrn! I hob d' Gwiddung, do schau her!" Er wedelt mit der Erledigungsmitteilung.

„Herr Finke, das ist doch nicht Ihr Ernst!", rufe ich fassungslos. Herr Finke hält abwehrend beide Hände vor sich und schließt die Tür, bevor ich noch ein Wort sagen kann.

Die Unterstellung, er könnte die falsche Geldausgabe eventuell berechnet und absichtlich herbeigeführt haben, wäre zu gewagt. Möglicherweise war er genau so überrascht wie ich, als er die Scheine nachzählte. Ich vermute lediglich, er war einfach abgebrüht genug, sich dumm zu stellen und mich diese Kröte schlucken zu lassen.

Wahrscheinlich hätte mir mein Arbeitgeber den Schaden aus Kulanz und angesichts meiner jahrelangen Erfolge ersetzt, wenn ich diese Geschichte jemals erzählt hätte. Aus Scham und verletztem Stolz blieb das jedoch bis heute mein Geheimnis. Diese 300 Euro waren zum Glück das einzige Lehrgeld, das ich in zehn Jahren zahlen musste.

KAPITEL 25

Wir sitzen an einem Samstagabend auf unserem Balkon mit einer Tüte Erdnussflips und einer Flasche Weißwein, als uns die Idee kommt, unseren ersten Hochzeitstag in Rom zu feiern. Ich greife in die Tüte und schiebe zwei Flips in meine Backentasche. Erdnusswürmer oder einfach Würmer hießen die in meiner Kindheit, später nannten wir sie Engerlinge. „Ist es dort im Sommer nicht viel zu heiß?", frage ich Carsten, während er auf dem Laptop schon nach Unterkünften sucht. Mit dem Zelt nach Rom, das wird nichts, nach den Bildern im Netz zu beurteilen, würde ein Aufenthalt auf den dortigen Campingplätzen ungefähr so entspannend sein wie ein Picknick in der Innenstadt von Beirut.

Carsten findet ein kleines Hotel mitten in Rom zu einem erschwinglichen Preis mit Flug ab München. Wir fackeln nicht lange und buchen. Zehn Tage, vier Sterne, direkt am Tiber, da möchte ich am liebsten sogleich den Koffer unterm Bett hervorziehen.

Am letzten Arbeitstag vor meinem Urlaub sitze ich bis 21 Uhr am Schreibtisch, um „aufzuräumen". Unsere Firma nimmt das sehr genau, alle Vorgänge werden zurückgeleitet an die Disposition, um gegebenenfalls damit eine Vertretung zu beauftragen. Zu jedem einzelnen Auftrag erläutere ich den Verfahrensstand und schließe so viele aussichtslose Fälle wie möglich endgültig ab. Ich sortiere Quittungen aus Barzahlungen den zugehörigen Einzahlungsbelegen der Bank zu, stecke den Stapel in einen wattierten Umschlag und adressiere ihn an unseren

Innendienst. Dann setze ich mich an meinen Monatsabschluss. Nach einer langatmigen Rechnerei trage ich den Saldo ein und bin zufrieden. Ich habe in diesem Monat zehn Tage gearbeitet und Bareinnahmen in Höhe von 6000 Euro zu verzeichnen. Das kann sich sehen lassen. Auch die bevorstehenden Zahlungstermine nach meinem Urlaub sehen vielversprechend aus. Die meisten davon habe ich heute bereits telefonisch abgesichert und werde alle Schuldner nach meiner Rückkehr direkt mit Erinnerungen per SMS überschütten. Ich klappe mein Notebook zu und grinse selig. Rom, wir kommen!

Als wir das Flughafengebäude in Rom verlassen, trifft uns der Schlag. Himmel, ist das heiß hier! Innerhalb von Sekunden haften unsere dicken Jeanshosen und langärmeligen Hemden auf unserer Haut wie angeklebt. Es ist zehn Uhr morgens, wir sind um ein Uhr früh aufgestanden und dementsprechend müde. Der Shuttlebus fährt uns zum Hauptbahnhof, von dort können wir laufen. Wir erkundigen uns an der Touristeninformation nach dem Weg und erhalten einen kleinen Stadtplan aus Papier, den wir bei einem iced cappuccino auf einer Bank am Straßenrand studieren. Unser Hotel liegt so zentral, dass wir von dort fast alle Sehenswürdigkeiten zu Fuß erreichen können. Für geübte Wanderer wie uns sollte das kein Problem sein.

Nach dem Check-in im Hotel legen wir uns eine Stunde aufs Ohr, um Kraft für den ersten aufregenden Abend in Rom zu tanken.

Mit diversen Reiseführern im Rucksack spazieren wir in den Folgetagen die Sehenswürdigkeiten ab.

Ein Vermögen investieren wir in Eiswasser, welches einheimische Jungs an jeder Straßenecke in Halbliter-Plastikflaschen lautstark anpreisen und dafür selbstverständlich viel zu viel Geld verlangen. Gleich am ersten Abend entdecken wir eine kleine Trattoria mit rustikalen Tischen auf dem Bürgersteig, die sensationelle Bruschetta anbietet. Das wird für die kommenden zehn Tage unser Stammrestaurant. So sind wir, mein Mann und ich. Wenn uns was gefällt, kommen wir immer wieder, auch zu Hause. Wir lieben es, auswärts zu essen, sind aber nicht stets und ständig auf der Suche nach neuen Lokalen. Wir mögen es, in die bekannten Gesichter der Bedienungen zu sehen, und genießen es, dass man uns ungefragt Getränke bringt, weil man weiß, was wir immer bestellen.

Am achten Abend beschließen wir dennoch, dass wir auch mal etwas anderes probieren müssen. Wir lassen uns von einem aufdringlichen Kellner an den Tisch eines hübschen Restaurants winken, auf dem die Speisekarten gleichzeitig als Platzset oder Tellerunterlage dienen. Jedes Gericht wird mit einem bunten Foto der angepriesenen Speise deklariert. Wir bestellen Nudeln und Wein, da kommt unerwartet der Koch des Lokals an den Tisch, im Arm einen Korb mit riesigen Pilzen. In gebrochenem Deutsch präsentiert er uns die großen Gemüseschirme, formt dabei immer wieder Zeigefinger und Daumen zu einem Kreis und küsst die Fingerspitzen.

Carsten ist geködert, grinst mich an und meint: „Och, so einen tollen Pilz können wir uns schon mal gönnen, oder?" „Klar", sag ich, „nimm einen!" Ein

Fehler, wie sich herausstellt, als zwei Stunden später 30 Euro lediglich für diesen einzelnen Pilz in den Geldbeutel des Kellners wandern. So lecker kann Gemüse ja gar nicht sein.

Der Folgetag ist bereits unser vorletzter Urlaubstag und wir beschließen, ein letztes Mal die Piazza del Popolo heraufzulaufen und ein paar Erinnerungsfotos zu schießen. Nach den berauschenden ersten Tagen in Rom waren die letzten Tage eher mühselig. Die Hitze hat uns ordentlich zu schaffen gemacht und wir haben uns bereits am dritten Tag nach ständigen Reibereien wegen der Temperatureinstellung unserer Klimaanlage nach einem ruhigen, naturbelassenen Campingplatz gesehnt.

Die kleine Bar an der Ecke kommt uns auf unserem letzten Fußmarsch zum Löwenbrunnen gerade gelegen. Meine Flip-Flops haben ihren Dienst getan und werden noch vor der Abreise in die Tonne wandern. Ein rassiger Kellner stellt zwei Gläser mit dem verlangten Sprizz auf unseren Tisch, in die Mitte platziert er ein Schüsselchen mit Leckereien. Umsonst, versteht sich.

Ich zucke zusammen, als mein Handy klingelt. Carsten sieht mich fragend an. Im Urlaub ruft uns nie jemand an, das Handy haben wir nur für den Notfall dabei. Ich krame in unserem Rucksack und schaue aufs Display.

„Das ist Ingrid!" Verblüfft gucke ich Carsten an. Ingrid ist meine Freundin und Kollegin aus Berlin. Ob sie vergessen hat, dass ich erst übermorgen wieder zu Hause bin? Ich nehme den Anruf an.

„Ja? Ingrid, hallo?", rufe ich lauter als nötig. „Mensch, ich bin doch noch im Urlaub!", erinnere ich sie lachend. „Ja, ich weiß", entgegnet sie ungewohnt sanft. „Ich habe mit diesem Anruf extra bis gegen Ende eures Urlaubs gewartet." Ich bin irritiert „Hä? Was soll das denn, was ist denn los? Ist was passiert?", brülle ich in den Hörer, als handele es sich um eine Fernsprechverbindung aus dem Jahr 1860. Carsten sieht mich fragend an, ich ziehe die Mundwinkel nach unten und zucke mit den Schultern.

Ingrid spricht leise, fast zu leise: „Ich wollte nicht, dass du heimkommst und vom Schlag getroffen wirst. Ich weiß nicht, ob es überhaupt richtig ist, dich anzurufen, aber ich fühle mich verpflichtet dir zu sagen, dass unsere Firma verkauft wurde." Bums. Das hat gesessen. Wie eine Bombe hat es bei mir eingeschlagen.

In den letzten Monaten war der Verkauf unseres Inkassounternehmens immer mal wieder Thema. Auf Teammeetings oder Betriebsversammlungen wurde ab und zu dieser Gedanke von der Geschäftsleitung angesprochen, aber nie war es akut. Offensichtliche Verkaufsgespräche platzten in der Vergangenheit ständig, an eine wirkliche Veräußerung glaubte niemand mehr. Warum auch, wir schrieben durchweg schwarze Zahlen.

„Ich verstehe nicht, hilf mir auf die Sprünge, und jetzt?", stammle ich. Was da gerade über diese Entfernung in mein Ohr gedrungen ist, scheint mir unbegreiflich und surreal.

„Du wirst Montag nicht mehr arbeiten müssen. Nie mehr. Die Geschäftstätigkeit wurde vor einer Woche eingestellt, zwei Tage, nachdem du abgereist bist. Wir sind alle bis zum Ablauf der Kündigungsfrist von der Arbeit freigestellt. Es tut mir leid." Ich lasse den Hörer sinken. „Danke, Ingrid", sage ich gedankenverloren, obwohl ich das Gespräch längst beendet habe.

EPILOG

Nach meiner jahrelangen Tätigkeit als Mitarbeiterin im Inkassoaußendienst war es mir ein Bedürfnis, einige der erlebten Dinge zu Papier zu bringen. Nicht selten sagten Familie und Freunde zu mir, ich müsse meine Geschichten unbedingt für die Nachwelt festhalten. Dieses Buch erzählt von einem Bruchteil dieser Zeit, es ist ein kleiner Einblick in meine letzten zehn Jahre.

Was für den einen Luxus bedeutet, drückt für den anderen Leid aus. Zufriedenheit und Reichtum liegen sehr eng beieinander. Sich an anderen zu messen, geht grundsätzlich in die Hose, man ist immer sehr viel schlechter oder besser dran. Ich persönlich muss mich selbst stets daran erinnern, wie gut es mir geht, weil ich an jedem dritten Nachmittag einen vollen Einkaufswagen durch die Reihen des Supermarktes schiebe. Ich kann es mir erlauben, mit meinem Mann ein- bis zweimal wöchentlich schön essen zu gehen und meiner Familie zum Geburtstag ein schönes Geschenk zu kaufen. Für manch einen ist das bescheiden, für den anderen prasserisch. Für mich bedeutet es zumindest Befriedigung.

Wenn ich einem Bettler 50 Cent in den Hut werfe und dieser mich anlächelt, fühle ich mich gut. Sehe ich ihn am nächsten Tag erneut, gebe ich ihm wieder 50 Cent. Haut mich hingegen jemand in Eigenregie auf der Straße um den gleichen Betrag an, fühlt sich das schlecht an und ich gebe nichts. Ich entscheide erstaunlicherweise selbst, wer für mich bedürftig ist und wer nicht.

Nicht die privaten Fernsehsender, sondern dieser außergewöhnliche Job war es, der mir gezeigt hat, was wirklich hinter Deutschlands Türen los ist. Manche Menschen haben mich erschüttert, manche haben mir Angst gemacht und manche haben mich zur Weißglut getrieben. Diese Zeit hat mich geprägt und reifer werden lassen. Ich kann nicht sagen, dass ich keines der Erlebnisse missen möchte, im Gegenteil. Es gibt sogar sehr viele Episoden, deren Zeuge ich lieber nicht gewesen wäre. Dennoch kann ich behaupten, dass alle Ereignisse im Gesamtbild einen Erfahrungszuwachs für mich bedeuten, den ich sehr wertschätze.

Heute, einige Monate nach meinem letzten Arbeitstag als Schuldeneintreiberin, verblassen die Erinnerungen mehr und mehr. Die Menschen, die ihre Dielenböden verheizen, um ihren Kindern ein warmes Zuhause zu geben, wird es weiter geben. Genauso wie die Menschen, die skrupellos und mit kriminellem Hintergrund vorsätzlich Schulden machen und lauthals über die Dummheit der Gläubiger lachen.

Ich habe nichts daran geändert, dass Kleinkinder zwischen Müll kriechen und an Zigarettenstummeln lutschen oder an häuslicher Gewalt innerhalb von Familien. Ich habe gelernt, dass die meisten Menschen den Weg gehen, der leicht zu laufen ist. Selbst wenn vom Wegesrand auf sie eingeschlagen wird.

Jeder sollte Verantwortung übernehmen für sich und sein Leben. Seine eigenen Grenzen setzt sich jeder an einer anderen Stelle. Was zu beeinflussen ist, sollte man beeinflussen.

Viel zu abrupt wurde ich aus meinem Job gerissen, ich hätte über mein Ausscheiden als Schuldeneintreiberin gerne selbst entschieden, ich war irgendwie noch nicht fertig damit. Nun falle ich als Bundesbeamtin wieder in den Schoß meines ursprünglichen Dienstherren zurück und werde Arbeiten verrichten, die ich mir nicht ausgesucht habe und die mir vermutlich missfallen. Aber schlussendlich ist das meine Verantwortung, meine Entscheidung, mein leichter Weg.

Mein Jahrzehnt als Geldeintreiberin ist beendet. Ich habe mit Menschen aus allen Bevölkerungsschichten gearbeitet und die unterschiedlichsten Charaktere kennengelernt. Auch wenn ich immer auf der Seite des bösen Gläubigers stand, glaube ich behaupten zu können, dass nicht jeder mich gehasst hat. Den meisten Leuten war ich ein Gräuel, aber einigen auch Beraterin und Stütze.

Ich habe einen guten Job gemacht. Und ja, es war mir eine Freude.

– Ende –

Hinweis
auf Persönlichkeitsrechte Dritter

Alle in diesem Buch geschilderten Personen bzw. Namen sind frei erfunden. Ähnlichkeiten mit lebenden oder verstorbenen Personen wären zufällig und nicht beabsichtigt.

DANKSAGUNG

Mein Dank gilt meiner besten Freundin Sille, die mich unbeirrt damit genervt hat, dieses Buch zu schreiben, und die damit so lästig wurde, dass ich es schließlich getan habe.

Außerdem danke ich meinem lieben Mann dafür, immer an genau den richtigen Stellen gelacht zu haben, und für seinen kreativen Einfluss.

book-on-demand ... Die Chance für neue Autoren!
Besuchen Sie uns im Internet unter www.book-on-demand.de
und unter www.facebook.com/bookondemand